灵敏移动练习方法

Lingmin Yidong
Lianxi Fangfa

尹军 岳雷蛟 张嘉雯 编著

中央民族大学出版社
China Minzu University Press

图书在版编目（CIP）数据

灵敏移动练习方法 / 尹军，岳雷蛟，张嘉雯编著. --
北京：中央民族大学出版社，2024.10. -- ISBN 978-7-
5660-2421-3

Ⅰ.G804.83

中国国家版本馆 CIP 数据核字第 2024Q5M001 号

灵敏移动练习方法

编　　著	尹　军　岳雷蛟　张嘉雯
策划编辑	赵秀琴
责任编辑	陈　琳
封面设计	舒刚卫
出版发行	中央民族大学出版社
	北京市海淀区中关村南大街27号　　邮编：100081
	电话：（010）68472815（发行部）　传真：（010）68933757（发行部）
	（010）68932218（总编室）　　　　（010）68932447（办公室）
经 销 者	全国各地新华书店
印 刷 厂	北京鑫宇图源印刷科技有限公司
开　　本	787×1092　1/16　印张：23.25
字　　数	333千字
版　　次	2024年10月第1版　2024年10月第1次印刷
书　　号	ISBN 978-7-5660-2421-3
定　　价	116.00元

版权所有　翻印必究

序

  灵敏移动是从事很多体育运动都需要具备的一项运动能力，它是融力量、速度、柔韧等素质于一体的综合性运动能力，不仅涉及肌肉系统和骨骼系统，还涉及神经系统。进行灵敏移动训练的目的就是使人做到想停就停得下来，想加速就加得起来，想变向就变得过去。因此，灵敏移动训练不仅能够发展肌肉力量，使人体的肌肉收缩速度更快，动作速度更快，变向移动速度更快，而且还能很好地促进神经系统发展，使大脑活动更活跃，思维更敏捷，神经对肌肉运动的控制更加精准。经过一定时间的针对性训练，具备了出色的灵敏移动能力的人不仅能够轻松突破对手，而且还能够很好地防守住对手的进攻和一系列假动作。

  为了使读者更好地学习并应用灵敏移动练习方法，本书从运动人体科学的角度阐释了灵敏移动的构成要素和运动生理学原理，分析了灵敏移动的反应灵敏需求和动作灵敏需求，以及灵敏移动在体育教学、运动训练、日常生活和工作等不同情景中的应用，并详细介绍了篮球、足球、排球、橄榄球、乒乓球、羽毛球、网球、飞盘、攀岩、小轮车、跑酷共十一个体育项目的能量代谢特征和动作特征，以及灵敏移动练习动作进阶的练习方法。期待大家通过学习，自己的动作变得更加敏捷而灵活。

目　　录

理论篇

第一章　灵敏移动的运动生物科学基础　/ 2

第一节　灵敏移动的相关概念　/ 2
一、何为灵敏性　/ 2
二、灵敏性构成因素　/ 3

第二节　灵敏移动的生理学基础　/ 6
一、神经系统　/ 6
二、骨骼肌系统　/ 10
三、能量代谢系统　/ 11
四、肌体的自然条件与状态　/ 13

第三节　灵敏移动的反应灵敏需求　/ 13
一、信息处理能力　/ 14
二、决策能力　/ 16
三、预判能力　/ 18
四、唤醒水平　/ 19

第四节　灵敏移动的动作灵敏需求　/ 23
一、速度　/ 23

二、力量 / 25

三、功率 / 30

第二章　灵敏移动在不同情境中的应用 / 34

第一节　灵敏移动在体育教学中的应用 / 34
一、提高学生的反应能力 / 34

二、培养学生的技能 / 35

三、提高学生的身体素质 / 35

四、培养学生在比赛中的应变能力 / 35

五、激发学生的竞争意识 / 36

第二节　灵敏移动在运动训练中的应用 / 37
一、在不同项目中的应用效果 / 37

二、实施技巧 / 39

第三节　灵敏移动游戏 / 40
一、游戏方式 / 40

二、灵敏移动游戏的益处 / 41

三、灵敏移动游戏的训练 / 41

四、灵敏移动游戏的适用对象 / 42

第四节　灵敏移动在生活、工作中的应用 / 42
一、多种体育活动 / 42

二、在工作场所中的协调与安全 / 43

三、在军队体能训练中的应用 / 43

实践篇

第三章 篮球项目的灵敏移动练习方法 / 46

第一节 篮球运动的项目特征 / 46
一、灵敏素质需求 / 46

二、球场位置 / 47

三、水平 / 47

四、年龄段 / 48

第二节 篮球运动的动作特征 / 48
一、投篮 / 49

二、运球与突破过人 / 49

三、无球跑动 / 50

四、持球移动训练 / 50

第三节 篮球项目灵敏移动练习动作及进阶 / 51
一、卡里奥卡交叉步 / 51

二、横向滑步 / 52

三、单腿快速提膝跑 / 53

四、高抬腿+冲刺 / 53

五、上坡加速跑 / 54

六、阻力带冲刺 / 55

七、双人对抗+追逐 / 56

八、40米折返冲刺 / 57

九、绳梯·偏侧进进出出 / 58

十、绳梯·马蹄步 / 59

十一、绳梯·左右跳 / 60

十二、绳梯·转髋跳 / 61

十三、绳梯·同侧脚前后交叉步 / 63

十四、绳梯·双脚跳+触地 / 64

十五、标志桶·"8"字形灵敏跑 / 65

十六、标志桶·"H"形灵敏跑 / 66

十七、标志桶·"之"字形斜向后撤步 / 67

十八、标志桶·"之"字形交叉步后退 / 68

十九、标志桶·24米长方形练习 / 68

二十、对抗控制练习 / 70

二十一、标志桶·并步绕行+一步助跑纵跳 / 71

二十二、标志盘·前后开合跳 / 72

二十三、障碍物·变向练习 / 73

二十四、栏架跳箱组合·"L"形双脚跳+弓步提膝跳箱 / 73

二十五、实心球·滑步传球 / 74

二十六、实心球·双人抛球+俯卧撑 / 75

二十七、实心球·侧推球 / 76

二十八、镜像练习 / 77

二十九、实心球·横向滑步+传球 / 78

三十、实心球·引导移动+传球 / 79

三十一、实心球·上抛接球 / 80

第四章　足球项目的灵敏移动练习方法 / 82

第一节　足球运动的项目特征 / 82

一、灵敏素质需求 / 82

二、球场位置 / 83

三、性别 / 84

四、年龄 / 84

第二节　足球运动的动作特征 / 85

一、盘带 / 85

二、射门 / 85

三、防守 / 86

第三节　足球项目灵敏移动练习动作及进阶 / 87

一、剪刀步 / 87

二、后踢腿跑 / 88

三、直腿跳 / 89

四、后蹬跑+冲刺 / 90

五、阻力带冲刺+释放 / 90

六、重复冲刺跑+小碎步制动 / 91

七、60米折返冲刺 / 92

八、100米直线往返 / 93

九、绳梯·快速垫步跑（单脚垫格）/ 94

十、绳梯·快速垫步跑（双脚垫格）/ 95

十一、绳梯·跳房子 / 96

十二、绳梯·侧向转髋跳 / 97

十三、绳梯·后交叉滑步 / 98

十四、标志桶·40米正方形卡里奥卡灵敏跑 / 99

十五、标志桶·"X"形后撤步冲刺 / 100

十六、标志桶·"A"形混合灵敏跑 / 101

十七、标志桶·"之"字形斜向滑步 / 102

十八、标志桶·"之"字形交叉步 / 103

十九、标志桶·变速跑 / 104

二十、标志桶·后撤步+滑步+转身冲刺 / 104

二十一、标志盘·小碎步"S"绕环 / 105

二十二、栏架·"之"字形跑 / 106

二十三、镜像冲刺 / 107

二十四、口令·倒退跑+变向 / 108

二十五、躲球练习 / 109

二十六、守门员练习 / 110

二十七、口令·反应冲刺+后撤步 / 110

二十八、口令·"Y"形反应练习 / 111

二十九、二维移动练习 / 112

三十、间隙练习 / 113

第五章　排球项目的灵敏移动练习方法　/ 115

第一节　排球运动的项目特征　/ 115

一、灵敏素质需求 / 116

二、球场位置 / 116

第二节　排球运动的动作特征　/ 118

一、接发球 / 118

二、扣球与拦网 / 118

三、传球 / 119

第三节　排球项目灵敏移动练习动作及进阶　/ 120

一、双脚前后跳 / 120

二、180度直线转身 / 121

三、绳梯·双脚开合跳 / 121

四、绳梯·双脚180度转身跳 / 122

五、绳梯·侧向进进出出 / 123

六、绳梯·侧向重复进出 / 124

七、绳梯·双脚跳+抛接球 / 125

八、绳梯·偏侧进进出出+抛接球 / 126

九、标志桶·"Z"形灵敏跑 / 127

十、标志桶·冲刺+冲刺+后撤步 / 128

十一、标志桶·滑步绕行+一步助跑纵跳 / 129

十二、障碍物·横向穿行 / 130

十三、障碍物·双脚跳+转身180度 / 131

十四、栏架·"Z"形双脚跳 / 132

十五、栏架·双脚正向折返跳 / 133

十六、栏架·"L"形双脚跳 / 134

十七、栏架·高抬腿+滑步+连续纵跳摸高 / 135

十八、栏架·侧向跨栏+滑步+连续纵跳摸高 / 136

十九、口令·连续跳跃 / 137

二十、口令·滚翻 / 138

二十一、敏捷圈·跨步反应练习 / 139

二十二、阻力带前刺+垫球 / 141

二十三、综合反应练习 / 141

二十四、实心球·前抛接球 / 142

第六章　橄榄球项目的灵敏移动练习方法 / 144

第一节　橄榄球运动的项目特征 / 144

一、美式橄榄球 / 144

二、英式橄榄球 / 145

三、灵敏素质需求 / 145

四、位置 / 146

第二节　橄榄球运动的动作特征 / 147

一、推球 / 147

二、传球与接球 / 147

三、拦截与截球 / 148

第三节　橄榄球项目灵敏移动练习动作及进阶 / 149

一、推墙提膝 / 149

二、坐姿摆臂 / 150

三、远跳跨步跑+冲刺 / 151

四、拉重雪橇车 / 152

五、后撤步+冲刺 / 153

六、50米直线冲刺转后撤步 / 154

七、后撤步+高抬腿+冲刺 / 155

八、后撤步+转身135度冲刺+转身90度冲刺 / 156

九、绳梯·进进出出 / 157

十、绳梯·马蹄双垫步 / 158

十一、绳梯·快跑+口令冲刺 / 159

十二、标志桶·三角形急转弯灵敏跑 / 160

十三、标志桶·"X"形冲刺转后撤步 / 161

十四、标志桶·加速减速跑 / 162

十五、标志桶·冲刺+滑步+后撤步+冲刺 / 163

十六、标志桶·"S"形跑动 / 164

十七、标志桶·"W"形冲刺+侧向交叉步 / 165

十八、障碍物·穿行练习 / 165

十九、自重跳箱组合·跪姿跳+侧跨跳+跳箱 / 166

二十、口令·推墙提膝 / 167

二十一、口令·冲刺+变向 / 168

二十二、口令·折返冲刺 / 169

二十三、实心球·高抛 / 170

二十四、实心球·头上抛球　/ 171

二十五、双人滑步+追逐　/ 172

二十六、阻挡牵制　/ 173

二十七、间隙练习　/ 174

第七章　乒乓球项目的灵敏移动练习方法　/ 175

第一节　乒乓球运动的项目特征　/ 175

一、刺激速度　/ 175

二、手眼协调　/ 176

三、灵敏素质需求　/ 176

第二节　乒乓球运动的动作特征　/ 177

一、握拍　/ 177

二、步法结合　/ 178

第三节　乒乓球项目灵敏移动练习动作及进阶　/ 179

一、单脚斜向跳　/ 179

二、30米"T"形练习　/ 180

三、绳梯·双脚侧向移动跑　/ 181

四、绳梯·Zigzag"之"字形跳　/ 182

五、绳梯·交叉步　/ 183

六、绳梯·阿里步　/ 184

七、绳梯·单腿跳+抛接球　/ 185

八、绳梯·侧向单腿跳+抛接球　/ 186

九、绳梯·马蹄步+抛接球　/ 186

十、标志桶·菱形滑步　/ 188

十一、标志盘·"M"形练习　/ 189

十二、障碍物·"之"字形滑步 / 190

十三、障碍物·横向跨步 / 190

十四、障碍物·横向跨步+垫步 / 191

十五、栏架·高抬腿跑 / 192

十六、栏架·单脚侧向连续跳 / 193

十七、栏架·正方形单脚跳 / 194

十八、栏架·"L"形单脚跳 / 195

十九、栏架·不规则单脚跳 / 196

二十、正方形格·镜像练习 / 197

二十一、四格跳跃+附加练习 / 198

二十二、口令·敏捷圈跳跃 / 199

二十三、口令·视觉指示练习 / 200

二十四、打手练习 / 201

二十五、抢卡片 / 202

二十六、侧滑步反应球练习 / 203

第八章 羽毛球项目的灵敏移动练习方法 / 205

第一节 羽毛球运动的项目特征 / 205

一、能量代谢系统 / 205

二、下肢爆发力 / 206

三、灵敏素质需求 / 206

第二节 羽毛球运动的动作特征 / 207

一、击球 / 207

二、步法 / 208

三、假动作 / 208

第三节　羽毛球项目灵敏移动练习动作及进阶　/ 209

　　一、速滑跳跃　/ 209

　　二、阿里滑步　/ 210

　　三、阻力带冲刺+前刺弓步　/ 211

　　四、弓步蹲跳+侧滑步　/ 212

　　五、30米后撤步+冲刺　/ 214

　　六、绳梯·转髋跳+抛接球　/ 214

　　七、标志桶·20米正方形灵敏跑　/ 216

　　八、标志桶·"F"形灵敏跑　/ 216

　　九、标志桶·"X"形混合灵敏跑　/ 217

　　十、标志桶·星形综合灵敏跑　/ 219

　　十一、标志桶·三角形练习　/ 220

　　十二、标志桶·"M"形后撤并步练习　/ 221

　　十三、标志桶·菱形交叉步　/ 222

　　十四、标志盘·"Z"形练习　/ 223

　　十五、标志盘·向前、向后跳　/ 224

　　十六、栏架·横向高抬腿+抗阻　/ 225

　　十七、跳绳·组合跳跃　/ 225

　　十八、敏捷圈·小碎步横向点地+反应练习　/ 226

　　十九、口令·方形速度练习　/ 227

　　二十、弓步两次换腿跳　/ 228

　　二十一、横向蹬伸　/ 229

　　二十二、正方形格·镜像冲刺　/ 230

　　二十三、放球练习　/ 231

　　二十四、抓尺子　/ 232

　　二十五、交替抛接球　/ 233

　　二十六、"T"形移动练习+抛球　/ 234

第九章　网球项目的灵敏移动练习方法　/ 235

第一节　网球运动的项目特征　/ 235

一、场地类型　/ 235

二、身高与体重　/ 236

三、灵敏素质需求　/ 237

第二节　网球运动的动作特征　/ 238

一、击球　/ 238

二、步法　/ 238

第三节　网球项目灵敏移动练习动作及进阶　/ 239

一、20米折返冲刺　/ 239

二、40米直线滑步　/ 240

三、后撤步+90度转身冲刺　/ 241

四、后撤步+135度转身冲刺　/ 242

五、绳梯·卡里奥卡交叉步　/ 243

六、绳梯·侧向"之"字形移动　/ 244

七、绳梯·跳房子+抛接球　/ 245

八、标志桶·40米正方形滑步　/ 246

九、标志桶·"E"形混合灵敏跑　/ 247

十、标志桶·蛇形综合灵敏跑　/ 248

十一、标志桶·"Z"形切入　/ 249

十二、标志桶·"Z"形对角线滑步　/ 250

十三、标志桶·直角练习　/ 251

十四、标志桶·侧滑步+斜角滑步+冲刺　/ 252

十五、标志桶·斜向冲刺+横向滑步　/ 253

十六、标志盘·"T"形练习　/ 254

十七、标志盘·侧滑步（双人竞速）　/ 255

十八、障碍物·横向跨步+冲刺 / 256

十九、口令·号码练习 / 257

二十、正方形格·镜像滑步 / 258

二十一、敏捷圈·小碎步横向点地+冲刺接球 / 259

二十二、侧滑步反应练习 / 260

二十三、放球练习 / 260

二十四、打靶套 / 261

二十五、背后抛接球 / 262

二十六、反应球练习 / 263

第十章　飞盘项目的灵敏移动练习方法 / 264

第一节　飞盘运动的项目特征 / 264
灵敏素质需求 / 265

第二节　飞盘运动的动作特征 / 265
一、投掷动作 / 266

二、接盘动作 / 266

第三节　飞盘项目灵敏移动练习动作及进阶 / 268
一、推墙提膝 / 268

二、坐姿摆臂 / 269

三、拉轻车跑 / 270

四、下跌启动+冲刺 / 271

五、慢速启动+冲刺 / 271

六、40米直线后撤步+冲刺 / 272

七、40米直线后撤步+转身180度冲刺 / 273

八、后撤步+转身45度冲刺 / 274

九、标志桶·"V"形灵敏跑 / 275

十、标志桶·蛇形对角灵敏跑 / 276

十一、标志桶·后撤步+冲刺（直线） / 277

十二、标志桶·"W"形后撤步+冲刺 / 278

十三、标志桶·45米"Z"形灵敏跑 / 279

十四、标志盘·"8"字练习 / 280

十五、栏架·跑栏 / 281

十六、栏架跳箱组合·"L"形单脚跳+跳箱弓步提膝 / 282

十七、口令·标志桶变向练习 / 283

十八、敏捷圈·小碎步横向点地+口令冲刺 / 284

十九、口令·冲刺+倒退跑 / 285

二十、绳梯·侧向进出+抛接球 / 286

二十一、口令·起身跑 / 287

第十一章 攀岩项目的灵敏移动练习方法 / 289

第一节 攀岩运动的项目特征 / 289

一、项目类型 / 289

二、灵敏素质需求 / 290

第二节 攀岩运动的动作特征 / 290

一、手法 / 290

二、脚法 / 291

三、换支撑点 / 291

第三节 攀岩灵敏移动练习动作及进阶 / 292

一、标志桶·40米正方形组合移动 / 292

二、标志盘·"V"形练习 / 293

三、障碍物·横向跨步+高抬腿 / 293

四、障碍物·横向跨步触碰+跳远 / 294

五、障碍物·组合移动练习 / 295

六、瑞士球·爆发式俯卧撑 / 296

七、小推车 / 297

八、实心球·俯卧撑+横向移动 / 298

九、爆发式俯卧撑+横向移动 / 299

十、口令·标志盘"Y"形跑 / 300

十一、快速摆动练习 / 301

十二、格挡练习 / 301

十三、躲避练习 / 302

十四、敏捷圈·脚步定向移动 / 303

十五、敏捷圈·熊爬定向移动 / 304

十六、实心球·俯撑接球 / 305

第十二章　小轮车项目的灵敏移动练习方法 / 307

第一节　小轮车运动的项目特征 / 307

一、场地要求 / 307

二、能量代谢系统 / 308

三、灵敏素质需求 / 308

第二节　小轮车运动的动作特征 / 309

一、飞跃 / 309

二、旋转和翻转 / 310

第三节　小轮车灵敏移动练习动作及进阶 / 311

一、高跳跨步跑 / 311

二、登山+冲刺 / 312

三、绳梯·蛇形跳 / 312

四、绳梯·滑雪跳跃+抛接球 / 313

五、标志盘·箭头练习 / 315

六、栏架·正方形双脚跳 / 315

七、栏架·不规则双脚跳 / 317

八、瑞士球·冲击俯卧撑 / 318

九、实心球·爆发式俯卧撑+横向移动 / 318

十、爆发式斜上拉 / 319

十一、口令·转向团身跳 / 320

十二、口令·标志桶多方向跳跃 / 321

十三、姿势转换·跪手撑转运动姿 / 322

十四、姿势转换·坐姿转运动姿 / 323

十五、姿势转换·仰卧转运动姿 / 324

十六、姿势转换·运动姿转俯卧转运动姿 / 325

第十三章　跑酷项目的灵敏移动练习方法 / 327

第一节　跑酷运动的项目特征 / 327
一、离心力量需求 / 328

二、灵敏素质需求 / 328

第二节　跑酷运动的动作特征 / 329
一、攀爬 / 329

二、跳跃 / 330

三、落地缓冲 / 331

第三节　跑酷项目灵敏移动练习动作及进阶　/ 332

　　一、远跳跨步跑　/ 332

　　二、立定跳远+冲刺　/ 333

　　三、下坡冲刺　/ 333

　　四、下坡冲刺+平路冲刺　/ 334

　　五、前滚翻　/ 335

　　六、后滚翻　/ 336

　　七、40米折返冲刺　/ 338

　　八、标志桶·漂移冲刺　/ 339

　　九、标志盘·斜向对角跳　/ 340

　　十、障碍物·轮转练习　/ 341

　　十一、栏架·双脚侧向连续跳　/ 341

　　十二、自重跳箱组合·跳深+跳箱提膝　/ 342

　　十三、俯卧撑击掌　/ 343

　　十四、跪姿跳+立定跳远　/ 345

　　十五、障碍跳　/ 345

　　十六、口令·障碍跳+变向+冲刺　/ 346

理论篇

第一章

灵敏移动的运动生物科学基础

第一节 灵敏移动的相关概念

一、何为灵敏性

国内学术界对于"灵敏性"的概念界定尚未达成一致。有些学者认为灵敏性指在各种突然变换的条件下，人体能够迅速、准确、协调地改变身体运动的空间位置和运动方向，以适应外界环境变化的能力。还有些学者认为灵敏性指身体感受外界刺激的能力，包括判断和决策能力、变换新动作能力及变向能力。

事实上，足球、篮球、排球、乒乓球、羽毛球、网球等大多数球类运动都需要人体在短距离内迅速完成加速、减速和改变方向，而且不同运动项目的专项技术动作呈现出不同形式的灵敏移动，但这一能力必须在中枢神经的支配下才能被自如运用。神经传导决定了反应速度的快慢、判断是否准确、随机应变并及时做出应答动作的快慢，因此，反应迅速、判断准确、及时做出应答动作是灵敏移动的先决条件，各运动素质协同配合是完成应答动作的基础。灵敏性并非单一的、独立存在的运动素质，它是运动员的运动技能、神经反应和各种运动素质在运动过程中的综合表现。

国外对灵敏性的概念研究主要体现在三个方面。

第一，对刺激做出反应的能力。早期学者Sheppard将灵敏性定义为一种快速的全身运动，身体随速度或方向的改变而对刺激做出反应，且灵敏性与可训练的运动素质（如力量、耐力、柔韧等）及认知成分（如视觉扫描技术、视觉扫描速度和预期）密切相关。H. Jullien等学者认为运动员的灵敏性指的是运动员对复杂的运动环境中的刺激做出快速反应的能力，这种能力既包括大脑的快速反应，也包括身体空间位置和姿势的快速反应，体现为一种复杂的、脑体共同参与的过程。

第二，改变方向的能力。Donath等学者认为，灵敏性是运动员在运动过程中身体加速、减速、急停、急启及改变方向的能力，是一种与力量、速度、协调素质密切相关的运动素质。Chaalali认为灵敏性就是在运动过程中身体快速变向的能力，这种变向必须快速、精准且高效。Lockie将灵敏性定义为身体在脑神经的控制之下，能够连续多次并且准确无误地根据动作的需要，身体整体或部分改变方向的能力，这种能力与运动员神经系统的灵活性和各种运动素质有密切的关系，是运动员必须具备的基本的运动能力。

第三，快速变换动作的能力。维耶夫指出，灵敏性指运动员调整动作速度的能力。基姆金等学者将之定义为"将一个动作变换成新动作的能力，或对变化的环境做出快速反应的能力"。Serpell等学者将灵敏性定义为"运动员在运动环境中根据运动需要快速完成新动作的一种能力，这种能力受先天遗传和后天训练共同制约，是一种复杂的能力"。

结合国内、国外对灵敏性概念的相关研究，灵敏性是一种糅合力量、速度、柔韧等多项运动素质于一体的综合性素质，在多种类型的运动项目中发挥着不可小觑的作用。

二、灵敏性构成因素

在进行多种包含大量多方向移动的运动项目时，个体需要做出快速、准确而协调的反应。从宏观上来讲，灵敏性构成因素非常复杂，当前国际上尚未有统一定论。早期研究中，Warren B. Young等人将灵敏性分解为观察与决策能力和快速改变方向能力，对二级指标进一步分解，绘制了图1-1。其中，观察与决策能力包括视觉信息处理能力、认知模式、预判和专项认知能力，快速改变方向能力包括人体测量学特征、技术水平、直线冲刺速度和下肢肌肉质量。

```
                          灵敏素质
                ┌────────────┴────────────┐
         观察与决策能力              快速改变方向能力
              │          ┌──────────┬──────────┬──────────┐
              │     人体测量学特征  技术水平  直线冲刺速度  下肢肌肉质量
       视觉信息               左、右脚交替                    力量
       处理能力               加、减速时步法                  爆发力
       认知模式               调整能力                        反应力量
       预判                   身体姿势、方向                  左、右肌力平衡
       专项认知能力
```

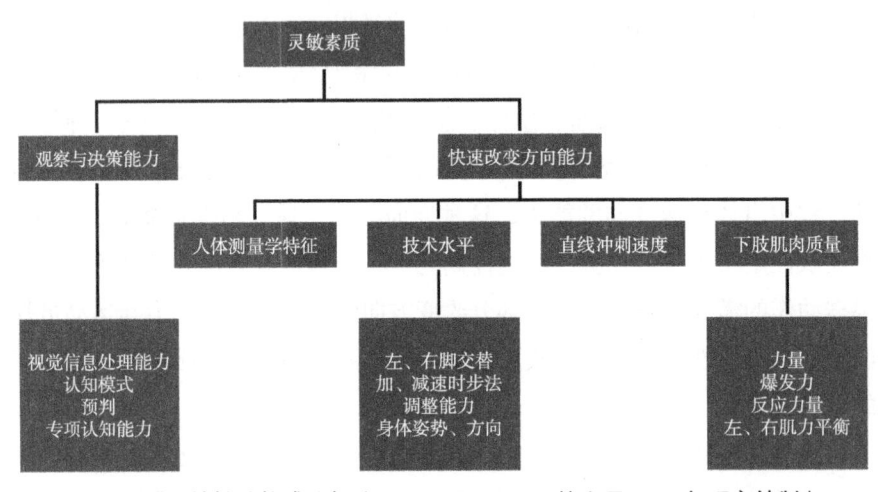

图1-1 灵敏性的构成分解（Warren B. Young等人于2002年研究绘制）

Jeffeys等学者指出灵敏性主要受知觉抑制、认知抑制、生理抑制、智能控制抑制四种形式控制，每种形式包含若干三级指标的构成因素（见图1-2）。该模型相较于Warren B. Young等人提出的模型，更多强调了感知觉、认知能力对灵敏素质的影响，并指出开放式的反应灵敏训练与传统动作灵敏训练结合能够更好地提高运动成绩。

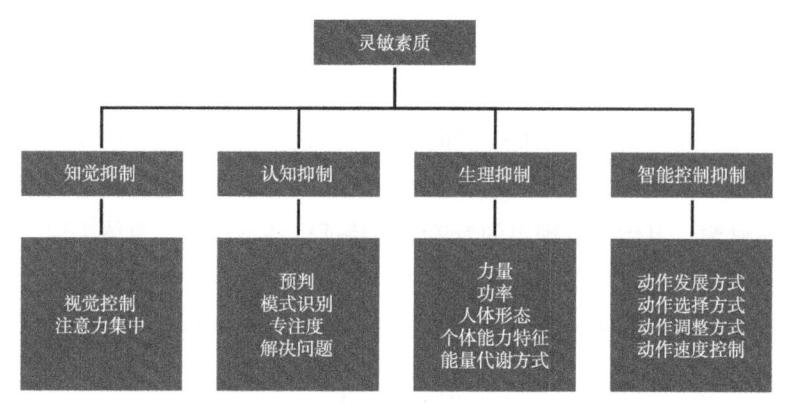

图 1-2 灵敏性的构成分解（Jeffeys 等人于 2011 年研究绘制）

Warren B. Young 等学者对对抗类运动项目的灵敏性进行深入研究发现，对于以足球、篮球、曲棍球和手球为代表的陆地对抗项目，灵敏性有利于进攻者规避对手的防守压力或抢截，同时也有利于防守者压缩防守空间来限制对方的进攻行为。该学者在原先的模型的基础上提出对抗类项目中的"灵敏素质"包括三个方面，即认知、体能和技能，如图 1-3 所示。影响认知的因素包括决策能力和动作准确性，影响体能的因素有直线速度、下肢肌肉活动能力、核心力量、双脚站位及加速时步法调整能力。

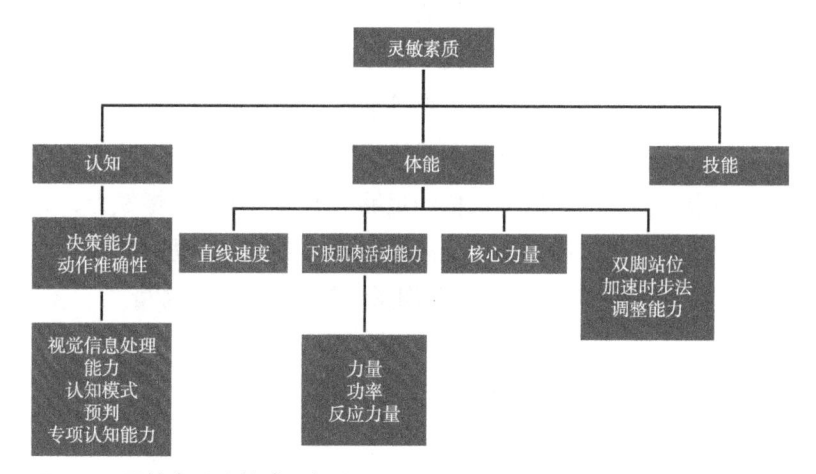

图 1-3 灵敏素质的构成分解（Warren B. Young 等人于 2015 年研究绘制）

综上而言，尽管学者们对灵敏性构成因素的研究没有达成共识，但是学者们都是从生理和心理两方面对灵敏性的构成因素进行研究的，而且相关灵敏性研究主要集中在身体变向能力、预判和决策能力、动作的变换能力等。由于灵敏性具有复杂性和不确定性，面对不同运动项目的决策情境和突变刺激，灵敏性展现出的专项结构特征也各不相同。总体来说，灵敏性的构成应包括能够识别信息、进行决策判断的认知—感知能力，具有良好的收缩速度和力量的肌肉功能状态，与专项运动技能适应的身体控制和动作执行能力。

第二节　灵敏移动的生理学基础

从生理学视角来看，灵敏移动与人体的多个系统有着千丝万缕的联系，其中神经系统、骨骼肌系统和能量代谢系统都与灵敏移动表现有着重要的关系。

在一些对灵敏性要求较高的对抗性项目中，人体需要迅速对外界信号做出反应和应对，这就要求运动员的神经系统有良好的机能状态。只凭出色的反应灵敏素质仍不足以在竞技中脱颖而出，而没有出色的运动素质来完成快速的多方向移动、跳跃、急停等动作，就算有再好的决策能力，也无济于事。此外，人体的能量代谢系统同样是完成灵敏移动动作的重要媒介。很多高难度动作的完成不仅依赖足够的力量、速度和爆发力，对人体的磷酸原系统供能水平同样有相当高的要求。要提高运动时的灵敏移动能力，神经系统、骨骼肌系统和能量代谢系统都需要被纳入考量。

一、神经系统

人体神经系统是一个相互关联的网络，包括大脑和周围运动神经系统。由于这些系统的相互连接情况十分复杂，它们可以感知并处理大量的运动刺激。通过复杂的电子信号相互连接，人体肌肉和运动神经元得以完成力量和控制的传递。这些信号可以控制肌肉收缩，从而帮助身体完成目标运动动作。在应对不同运动项目中的外界刺激时，人体可以对刺激做出反应，如进行身体姿势控制、身体平衡控制、运动轨迹和运动速度控制等。在运动反应方面，有研究发现生物电子学对反应时间和运动速度也有重要的影响。人体肌肉和运动神经元的信号传递速度越快，人体的反应时间越短，动作速度和位移速度也越快。

具体来说，灵敏移动的水平与大脑皮质的机能状态、感知器官的机能状态及运动技能的熟练程度紧密相关。

（一）大脑皮质的机能状态

大脑皮质是接受并分析来自运动肌体各类感觉信息的中枢，它通过控制肌肉、骨骼和神经系统之间的信息传递实现人体的运动控制，其机能状态是个体灵敏移动能力的重要影响因素。

在球类运动、摔跤、柔道等激烈的对抗性运动中，运动形式变化多样，运动员须具备良好的预判能力，以及急停、急启、加速、减速及快速变向的能力。大脑皮质只有处在良好的功能状态，才能对变化的情况，包括对方的动作做出准确的分析和判断，并当机立断采取应对措施，调控运动器官完成相应的动作，做到变被动为主动。大脑皮质的机能状态对反应时间的长短有直接影响。当大脑皮质处于兴奋状态，反应时间会更短，并且个体可以快速做出反应；反之，当大脑皮质处于抑制状态，反应时间会更长，并且个体做出的反应会慢而不准确。

肢体协调能力对灵敏移动运动表现起着至关重要的作用，而大脑皮质的机能状态可以影响个体的协调能力。当大脑皮质处于兴奋状态，肢体、骨骼和神经系统的"交流"会更加协调，个体能够呈现出更加协调的水平；反之，当大脑皮质处于抑制状态，个体的肢体协调性会变得很差，容易出现失调现象。对于球类项目，尤其是隔网对抗性小球项目，运动中的动作模式包含了大量的突然启动、急停、动作的迅速转换等，均要求大脑皮质神经兴奋、抑制过程迅速转换。疲劳状态下皮质中枢功能不良,则难以完成快速的转换,个体不能适应运动场上瞬息万变的情况。

此外,大脑皮质的机能状态对动作精确度也有着重要影响。高精度的灵敏移动需要个体具备良好的目标定向和精准控制肌肉力量的能力,而大脑皮质的机能状态可以影响个体的目标定向水平和肌肉力量的控制能力。正常情况下,大脑皮质处于兴奋状态时,个体对目标的定向和肌肉力量的控制更加精确;而大脑皮质处于抑制状态时,个体的目标定向和肌肉力量的控制水平降低,容易出现动作精准度下降的情况,如篮球运动员在投篮时对篮筐和篮球位置的判断,以及对手指拨球幅度、角度和力度的控制,都会对结果产生巨大的影响。

总之,大脑皮质的机能状态对灵敏运动起重要的作用。训练和练习可以提高大脑皮质的机能状态,提高灵敏移动能力,增加运动者在各种高强度的对抗类项目中制胜的筹码。

(二)感知器官的机能状态

感知器官的机能状态对灵敏移动的发挥和表现起至关重要的作用,其中包括视觉、听觉、触觉和本体感觉。

视觉是灵敏移动中最重要的感知之一,能够提供环境空间、自身姿势和位置、运动状态等重要信息,为身体的反应提供支持。视觉信息的质量和准确度对于灵敏移动和反应速度至关重要。例如,进行快速移动时,人体需要快速地调整视觉注意力和视野范围,以更好地预测并应对物体的运动和对手的动作。

听觉也能提供重要的空间信息和运动状态信息,尤其对于佩戴头盔或者面罩的运动项目,听觉能够提供额外的信息支持。例如,橄榄球运动员可以通过听觉来判断队友或对手的位置和动作,并根据这些信息调整自己的动作。

触觉和本体感觉指肌肉、关节、皮肤等感受器官受到刺激而产生的感觉,能够提供身体位置、运动速度、姿势和姿态等方面的信息。作为人体感觉系统中一种特殊的感觉,本体感觉涉及个体对身体部位的位置、方向、运动、力量等信息的感知和理解。本体感觉对灵敏移动中的协调性有重要的影响，可以提高个体的肢体协调性，使肌肉、骨骼和神经系统之间的信息交流更加协调，从而更加有效地实现灵敏移动。例如，在高强度的足球、橄榄球、篮球等运动项目中，良好的本体感觉能够让个体更加快速、准确、协调地完成目标动作。本体感觉还可以提高个体在灵敏移动时的目标精确性。鉴于运动中个体身体部位的位置和运动状态会不断改变，良好的本体感觉能够帮助个体更好地判断运动目标的位置、方向和速度，使个体以更好的精度和速度进行动作调整，从而更加精准地完成灵敏移动任务。此外，平衡控制也是本体感觉能力的重要组成部分。良好的本体感觉可以帮助个体感知自身位置和方向，从而更好地控制身体的姿态和平衡。良好的本体感觉可以降低人体在灵敏移动过程中跌倒和失衡的风险，提高运动表现和安全性。总之，本体感觉在灵敏移动中起着重要的作用。训练和练习可以提高本体感觉，让个体在灵敏移动过程中实现更好的运动表现。

综上所述，感知器官的机能状态对灵敏移动的表现和发挥起着至关重要的作用。不同类别运动项目的感知器官参与比重不尽相同，在设计训练计划时应有针对性地对不同感知器官的机能进行干预和训练，以帮助人体在运动中完成更高水平的灵敏移动。

（三）运动技能的熟练程度

灵敏是多种身体素质和运动技能在运动中的综合表现。对运动技能掌握得越多、熟练度越高，肌体在运动时动作就会更加协调、稳定，而且较易达到高度自动化水平，表现出灵活而省力的特点。按照条件反射学说，运动技能本身表现为在多种感觉器官的参与下，与大脑皮质有关中枢建立的暂时性神经联系。这种暂时性联系被建立得越多，当环境条件改变需要做出反应，大脑皮质有关中枢暂时性神经联系的接通就越迅速、准确，并且能在原有条件反射的基础上创造出更多的新颖动作，做出更完善的协调反应。

运动技能的熟练程度是影响灵敏移动能力的重要因素。当一个人对某种运动技能熟练掌握，他在反应、决策、执行等各个环节就能做到更快、更准确、更有效，从而提高灵敏移动的水平。运动技能熟练的个体在面对复杂的运动环境时，能够更快地做出反应。例如，在羽毛球比赛过程中，面对时速可与高铁动车媲美的扣杀球时，高水平运动员处理危机的时间会更短，并且他们能及时做出反应来进行扑救。虽说"天下武功唯快不破"，但粗糙的脚步并不能实现高质量的反击；炉火纯青的脚步移动配合对球的路线的控制，就能够在把控比赛风格和节奏上占据主动。

运动技能的熟练程度对肢体协调有如下影响：随着个体运动技能的提高，其肌肉、骨骼和神经系统之间的"交流"也会更加协调，从而更好地实现肢体协调。例如，跳水运动员通过技术练习，能够更好地控制自己的姿态，从而在跳水过程中更加自由、舒展地完成动作。

运动技能的熟练程度对运动精度有如下影响：随着个体运动技能的提高，他在运动目标定向、肌肉力量控制等方面的精准度也会更高。例如，职业高尔夫球手的手指敏捷度高，在精准控制棒杆和击打小球方面也更加精准。对于其他一些精细动作，如杂技、芭蕾、体操等技能，个体也能够呈现出非常高的运动精度。

总之，在运动技能的发展过程中，个体能够不断通过训练提高各方面的技能熟练度，从而实现灵敏移动水平的提高。

二、骨骼肌系统

各种感觉器官和外周神经的功能，特别是运动分析器的敏感程度，兴奋在神经、肌肉中传导的快慢，肌肉的收缩速度、力量等都可以直接影响运动肌体的灵敏素质。它们处于良好的功能状态，可以提高人体在运动过程中空间和时间上的定向和定时能力，使得动作的准确性和变换速度更为理想化。因此，运动肌体灵敏发展与各种分析器技能的改善密切相关。肌肉是支撑人体运动的重要组成部分，肌肉的功能状态对灵敏移动能力的表现起着至关重要的作用。

肌肉的力量是影响灵敏移动能力的重要因素之一。更强大的肌肉力量可以支持更快、更精确的运动。与此同时，进行肌肉力量训练也能够提高肌肉损伤抵抗能力，从而对运动能力的发挥产生积极的影响。例如，橄榄球运动中包含了大量身体对抗下的快速变向及多方向移动，这些动作模式都需要运动员具备良好的下肢力量和躯干支柱力量。多次重复的下蹲、横移、起跳、转体包含了肌肉的多种收缩形式，对其向心收缩、离心收缩、等长收缩都有较高的需求。

肌肉收缩速度也会影响运动中的灵敏移动能力水平。肌肉开始收缩的反应速度越快，则个体在快速而精密的运动中表现得越灵敏。慢速的力量训练并不适合快速的灵敏移动，拥有良好的相对力量的运动员往往表现出比只有高水平绝对力量，而相对力量水平较低的运动员更好的灵敏性。

此外，肌肉的协调性也是决定多方向移动能力的重要因素。肌肉协调能力越好，个体在快速或精密体位控制方面表现得越灵敏。由于许多运动需要多个肌肉群的协调，协调能力的提高可以极大地提升灵敏移动的表现。

综上，肌肉的功能状态对灵敏移动能力的提高和表现起着至关重要的作用。针对不同的肌肉群进行有针对性的训练和练习，可以提高个体的肌肉功能水平和运动能力。

三、能量代谢系统

能量代谢系统是影响人体生理活动的重要因素，包括磷酸原系统、糖酵解系统、有氧氧化系统。三大供能系统并非相互独立，当人体从事高强度运动时，从短跑（30秒）到耐力运动（超过30分钟），所有的供能系统共同参与人体的能量供应。短时间的高强度运动以磷酸原系统供能为主，但糖酵解系统和有氧氧化系统也会同时产生少量的能量。同理，有些运动项目的持续时间可长达30分钟，人体以有氧氧化系统供能为主，但磷酸原系统和糖酵解系统也会参与能量供应。

（一）磷酸原系统

包含大量的灵敏移动（如直线快速移动和多方向位移）的体育项目有很多，如篮球和足球运动中的带球变向过人要求短时间、大强度、快速地完成动作。由于肌体中ATP-CP（磷酸原系统）的能量供给速度最快，在高强度的灵敏移动中，ATP-CP最先消耗。为维持ATP（三磷酸腺苷）水平，保持能量的连续供应，CP（磷酸肌酸）在肌酸激酶的作用下合成ATP。由于磷酸原系统的供能时间较短，通常只有6—8秒，在训练中，要提高肌肉内磷酸原的储备量，重视提高ATP再合成的速率。

磷酸原系统对很多包含大量灵敏移动运动的项目来说至关重要，它可以使肌体在高强度运动中实现最高水平的运动表现，如橄榄球运动可帮助运动员实现更高的跳跃、更快的冲刺及变向。此外，磷酸原系统对于运动员保持运动精度及肌肉协调性非常重要。例如一些对技巧要求较高的灵敏性运动，如乒乓球、羽毛球等，运动员需要在高强度的运动中保持高度的精准性，从躯干到手臂，再到持拍手指的抓握，力的稳定传导与方向控制的精准制导密切相关。

（二）糖酵解系统

部分运动项目中还包含持续一定时间的中、高强度运动。例如在篮球运动中，进攻回合结束后，要紧接着投入防守，运动员需要具备出色的左、右横移能力和多方向移动能力，以阻拦对方进攻球员的带球突破。有时持续的回合时长会远远超过6—8秒，甚至可达2—3分钟。在这种情况下，肌体的ATP分解殆尽，糖酵解系统成为主要的供能系统。

糖酵解系统对于运动员在持续时间较长的多方向冲刺运动中维持力量和爆发力意义非凡。羽毛球运动中能量代谢系统的充分供能尤为重要，运动员每获得一分，都可能存在数十回合的击球，包括吊网前球、横移扑救、后场高远球、扣杀球等，能量供应不足的选手可能在中间的某个回合突然败下阵来。通过训练提高糖酵解系统的供能水平，肌肉可以更加高效地使用体内的糖原，降低疲劳的程度，帮助个体坚持更长时间的运动。

（三）运动 — 休息时间比

很多运动项目比赛都表现为大量不同强度的运动与不规律的间歇休息穿插进行，对运动员的能量代谢系统的整体供能水平有相当高的要求。供能水平不足或过度训练引起的疲劳往往导致灵敏移动能力水平下降。有研究表明，重复短跑冲刺引起的急性疲劳会降低变向能力，但可以在休息几分钟后恢复。该研究指出，教练在为运动员设计训练计划时，可将疲劳诱导训练和变向训练有机结合，并在训练模式之间设有适当的休息时间。

四、肌体的自然条件与状态

人体的灵敏性还与年龄、性别、体重、整个肌体的功能状态等有关。从儿童时期开始，到成熟期，人的灵敏性逐步提高，在青春期发展迅速。青春期前，男孩稍优于女孩；随着进入青少年时期、青春期及成年期，男孩的灵敏性逐渐优于女孩。

体重会明显影响人的灵敏性。体重过大会导致身体各部分在运动中的惯性过大，并增大肌肉收缩的负荷，因此在做出改变方向的动作时，速度必然减慢。

人在疲劳时，爆发力、动作速度、反应速度、协调性都会下降，灵敏性也必然显著降低。而作为体能中重要的运动能力之一，灵敏性同样与力量、速度、爆发力、柔韧性等运动素质密不可分。

第三节　灵敏移动的反应灵敏需求

灵敏移动运动中，人体需要在接收到外界信号刺激后迅速判断，并做出动作，来完成相应的目标。能否迅速识别相关信息线索，并精准地完成动作，即拥有较高的反应灵敏水平，成为实现较好的技术动作质量关键的先决条件。如果运动员在比赛时对这些信息线索的判断出现失误，在相应的技术动作中就可能出现较大的偏差，进而失分，甚至输掉比赛。很多与感知及决策相关的因素对运动员的反应能力有重要的影响，进而影响灵敏移动能力。

一、信息处理能力

信息处理能力指运动员处理来自外界环境的信息，并迅速做出相应反应的能力。运动员在进行运动之前，必须首先明确对某种情况做出反应的必要性，这是通过识别、收集来自各种感觉系统的环境线索来实现的，包括视觉系统、听觉系统、本体感觉系统等。例如，在美式橄榄球比赛中，跑锋需要等待四分卫发出听觉信号，标志着比赛的开始；跑锋准备从四分卫手中抢接球时，需要凭借视觉信息获取对方防守的位置信息，从而试图找到进攻空隙穿过对抗球员；当遭到对方防守球员的干扰，本体感觉系统会通过反馈信息提醒他，对手正试图抓住他的护具或身体。运动员在获得以上信息后就能加以应对，有可能突破对方的防守，并进攻得分。

有研究表明，运动员的反应灵敏性和信息处理能力存在显著的相关性，信息处理能力也与运动员的竞技水平和训练经历有关。在感知和决策阶段，运动员对环境中的信息的处理相对快，反应能力也相对好。这些技能可以通过训练来提高，并最终对比赛表现产生影响。

（一）刺激反应

当参与特定类型的比赛或对手位置情况特殊时，感官系统也会收集相关信息，以帮助运动员做出正确的反应。信息处理速度的几个变量因素包括刺激的清晰度、刺激强度、刺激方式及运动员的经验水平。刺激清晰度越高或强度越大，运动员处理这些信息的速度就越快。刺激类型也会影响反应速度，视觉刺激的反应时间比听觉刺激长，而动觉刺激的反应时间最短。

运动员的经验水平对整体的反应速度有深远的影响。通过训练和比赛经验，运动员能够解读对手的排兵布阵或动作，并做出准确的预测，从而在比赛中拥有预测优势。在进行开放式训练时，教练应该考虑这些因素，因为它们更好地解释了为什么有些运动员做出反应比其他运动员需要更多的时间。例如，在大多数情况下，运动员对听觉刺激做出的反应比视觉刺激更快。此外，教练选择的刺激类型应该直接与运动员经历过的比赛情况相关。例如，短跑选手需要对听觉刺激做出反应，因为在径赛项目起跑时需要此类刺激。与此相反，橄榄球防守前锋需要寻找视觉刺激信息来做出反应，因为在橄榄球比赛中需要此类信息。

（二）识别专项运动情景

专项运动情景指在特定的运动项目中，针对比赛环境和比赛目的采用拥有特定的战术和技术策略、心理素质、体能等的运动员的一种表现形式。了解专项运动情景知识有助于运动员对环境线索做出迅速反应。

在做出反应之前，运动员会对特定的刺激做出反应。这些刺激产生的信息会按照人类的信息处理模式，从记忆中读取存储的信息，进而使人产生特定的思维活动。先前存储的信息将决定运动员反应的准确性和速度。如果运动员在训练中使用的刺激不能针对特定的比赛场景，即缺乏专项性，那么这种旨在缩短反应时间的训练方法既不会有很好的效果，也难以提高运动成绩。因此，运动员需要通过收集、处理比赛中出现的信息来识别特定情景中针对专项运动的模式类型。这些模式类型包括球的运动轨迹、旋转方式，对手的身体姿势、移动方向、速度，等等。与缺乏经验的运动员相比，富有经验的运动员通常能够使用这些模式，并从中获取优势。

在许多体育运动中，越是擅长识别、了解这些模式的运动员，往往越能够对特定的刺激做出更加快速、精准的反应。例如在比赛中，足球守门员需要对对方带球进攻运动员的盘带路线、射门时的身体姿势和角度，其他进攻球员跑位路线等信号形成特定的线索，并且迅速识别这些线索，对球的运动轨迹做出准确的判断。

识别专项运动情景是一门技术，运动员可以通过个人经验和学习来掌握。因此，训练的数量和方式都很重要。随着经验的累积，运动员对运动情景的了解会逐渐增多，同时也会越来越熟悉如何对刺激做出正确的动作反应，并逐渐缩短反应时间，提高反应灵敏性。

在灵敏移动练习的初级阶段，运动员应更多以封闭式的、预先确定的训练形式来提高反应灵敏水平。随着运动员技术逐渐完善，并在专项训练中不断累积经验，教练应该考虑设计更多的开放式、非预先确定形式的刺激信号训练，训练内容应更接近专项运动的反应灵敏模式，具备更强的针对性和专项性。

二、决策能力

决策能力指在运动环境中迅速、准确地识别与任务有关的线索，在处理传入信息后做出最佳反应的能力。运动员一旦收集了有关环境和情境的信息，就需要得出每个动作或反应最大化成功的概率。成功的决策需要快速而准确的动作。当根据环境中的信息做出具体动作时，该信息会被发送到运动皮质，所需的动作模式就会从记忆中被检索，并通过脊髓发送给骨骼、肌肉，做出所需动作。选择正确的反应会使成功的概率成倍增加，而错误的动作会导致毁灭性的结果。

（一）假动作

体育项目中的假动作通常指的是在比赛中运用欺骗性动作的技巧。一般来说，运动员需要在完成一个动作的开始阶段后，迅速转换到另一个动作结束，以欺骗对手。此举旨在传递给对手错误的信息，使之不能迅速、有效地进行防守或做出正确的反应。如果对手对第一个动作（假动作）做出了反应，他们对第二个动作（实际动作）做出的反应就会延误。

假动作在许多体育项目中都有应用。在足球、篮球、冰球、橄榄球等团队运动中，运动员常常使用掩护或伪装动作来欺骗对手，并创造出更多的空间和机会。在网球和羽毛球比赛中，运动员会通过打乱对手的步伐和节奏来增加自己的胜利机会。在拳击、跆拳道、摔跤等搏击项目中，运动员会使用假动作来分散对手的注意力，并制造出发起有效攻击的机会。以篮球项目为例，持球球员可以做出逼真的传球动作来迷惑对手，使之误以为持球球员会传球给队友，随后持球球员可以趁防守球员失位迅速突破，抑或是投篮。在这种团体项目中，持球球员可以与无球球员形成多种配合，如假投真传、假传真投、假传真突等，进一步丰富技战术体系。有时，高水平的假动作可以有效对防守造成欺骗性干扰，进而帮助自己或队友轻松得分，例如NBA勒布朗·詹姆斯经典的不看人假动作传球——"蜘蛛丝"传球。

当然，在任何体育项目中，使用假动作的技巧都必须非常自然而准确，以避免被对手发现并利用。在实践中，许多运动员需要经过数年的专业训练和实践，才能成功地应用假动作，从中获得成功并提升自己的表现水平。一旦掌握了正确的技巧和策略，假动作在体育项目中的应用就可以成为运动员的重要武器，帮助他们赢得比赛，并且给人们留下深刻印象。

（二）反应数量及反应时间

环境中刺激的数量和应对动作的总数在很大程度上决定了运动员能否做出正确的反应。反应通常分为简单反应和选择反应。简单反应对应仅有一个正确反应的刺激，比如鸣枪示意比赛开始。选择反应要求运动员对一个或多个无法预测的刺激做出反应。针对那些无秩序且无法预知的动作，选择反应是非常关键的，运动员需要对其他运动员的移动做出反应，并根据移动选择正确的反应。例如，在足球比赛中，防守球员在前场跟着对手运球时，必须观察对手的身体位置、进攻模式及自己队友的位置，以便做出最适合的反应并选择最佳的防守策略。根据席克法则（Hick's Law），面对的刺激越多，运动员做出正确反应所需的时间越长。与完成选择反应的任务相比，运动员能更快地完成简单反应的任务，这是因为只有一个刺激，并且仅有一个正确反应。随着环境中刺激数量的增加，运动员需要从更多的反应中做出选择，才能完成正确的动作或技术，由此，完成特定动作所需的时间也随之增加。

有研究指出，简单反应的时间不太可能通过训练缩短，因为它主要与基因和中枢神经系统的反应速度有关，但是，接受训练和增加经验可以显著缩短选择反应的时间。因此，运动员有必要将专项运动动作灵敏反应训练作为整体力量和体能训练计划的一部分，以提高在复杂的运动环境中对多个刺激做出快速反应的能力。

三、预判能力

相较于等待刺激出现再做出反应，当运动员能够准确地预判对手的动作及目的，从而提前协调自己的姿态及动作，往往能够实现更好的运动表现。经验丰富的运动员往往更好地在特定的情况下将自己的动作与特定的环境规律、对手意图（知觉预判）等结合起来，协调所需要的时间（效应预判）。此外，如果运动员能够预判一个物体在他们周围环境中的位置(空间预测)，确定它将在什么时候出现（时间预判），他们就能在刺激出现之前做出适当的反应。预判准确的运动员可以获得比对手更大的竞争优势。

关于预判和反应时的早期研究大多聚焦于一般刺激和一般运动反应。有学者表明，为了能够真正地评估并训练运动员所需的视觉和认知技术，以后关于预判和反应时的研究应该包含针对专项运动的介绍。实验表明，对运动技能学习来讲，大多数视觉训练方法并没有效果，因为它们训练了感知诸方面，并未对运动成绩或类似比赛情境中的成绩产生影响。根据这些调查结果，笔者建议使用采用感知技术（如模式识别和预测）的专项运动训练计划，有利于为运动所需技术建立适当的使用情境或衔接。优秀的运动员将注意力集中在预测性信息线索上，这些信息往往与对手表露的具体信号有直接联系。因此，此时在训练计划中使用针对专项运动的场景和刺激得到了科学研究的强有力支持。

拥有好的预判能力，可产生如下效果：

提高反应速度：通过预判即将发生的事情，运动员可以在接下来的动作中更及时地做出反应，从而提高反应速度。这对于大多数体育项目都是非常重要的，如篮球、网球、羽毛球等。

节省时间和精力：预测并预判即将发生的事情可以节省运动员大量的时间和精力。预判对手的战术和下一步的动作，可以更好地规划自己的行动，并节省体力，尤其在耗时和消耗精力的赛事中。

提高比赛质量：良好的预判能力可以让运动员更好地适应场上环境，并由此提高比赛质量。它可使运动员更好地解读并参与场上动态，以适应不同的比赛策略和所参与比赛的节奏，有着非常重要的实用性。

预防潜在危险：通过预判比赛中的危险，运动员可以提前采取措施来有效避免受伤。例如，在足球比赛中，运动员可以预测出对手会进行一次猛烈的犯规，从而采取必要的防护措施。

总之，预判能力对于很多不同类型的体育项目的运动员至关重要，它能够提高运动员的表现水平，使之更好地掌控比赛节奏，有效规避运动中的潜在风险，始终保证比赛质量。

作为感知决策因素的组成部分，预判能力是可以通过训练提高的，随着运动员获得越来越多的比赛经验，预判能力也随之得到提高。训练预判能力的首要目标应为提高运动员的决策能力和反应的准确性，进而才是提高反应速度，提高从环境中寻找、识别正确线索的能力，并提高识别速度。

四、唤醒水平

唤醒水平在运动中主要指运动员中枢神经系统的整体兴奋水平和激活水平，唤醒水平对灵敏移动的每个环节都有直接或间接的影响，它能够在潜移默化中提高运动员的整体表现水平。心理学家很早就对动机水平与操作成绩的关系产生了兴趣，他们提出的倒"U"形假说（见图1-4）和内驱力理论是解释这一关系的具有代表性的理论。这两个理论的特点是将两个变量或多个变量的关系函数化。心理学家曾经希望建立两个变量，甚至更多的变量之间的关系，使心理学也像物理学那样，在量化和实证的基础上得到发展。

(一) 倒 "U" 形假说

唤醒水平与运动表现有密不可分的关系。通常情况下，如果运动员的唤醒水平太低，他们可能更加关注无关的环境信息线索。这是因为运动员的环境关注范围太广，而这些感知方面的干扰因素可能阻碍他们注意到相关的环境刺激。随着唤醒水平不断提高，感知能力同样也会下降，视野也会随之变窄，这些都会阻碍运动员形成识别与任务相关的信息的能力，从而增加反应时间。

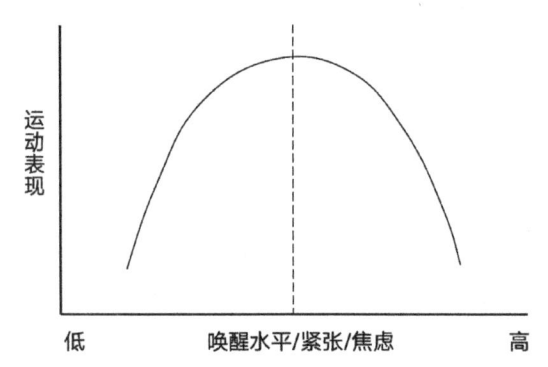

图1-4 倒 "U" 形假说（根据Yerkes-Dodson Law研究理论绘制）

在理想的情况下，达到最佳唤醒水平能使运动员在比赛中抢占先机，并实现最佳运动表现。具体来说，在反应速度、专注度及容错率上可能有一定程度的影响。

提高反应速度：唤醒水平的高低直接影响人们的反应速度和反应能力。在灵敏移动运动中，运动员需要快速、高效地做出反应，例如在足球运动中，门将需要在对方射门后迅速做出反应，捕捉住足球。如果唤醒水平太低，反应能力就会降低，从而影响灵敏移动的表现。

提高专注度：唤醒水平高的人更容易集中注意力，做出更加专业的决策。在灵敏移动运动中，专注度很重要，每个小动作都需要被精确地完成。唤醒水平高的运动员可以更好地调整心态，不会紧张、分心或被其他外界因素干扰，保持专注。

减少错误的发生：在灵敏移动运动中，错误往往导致失分或失误。唤醒水平高的人更容易保持清醒，避免出现错误。例如，在网球比赛中，唤醒水平较高的运动员可以更好地判断球的轨迹，从而减少失误的发生。（见图1-4）

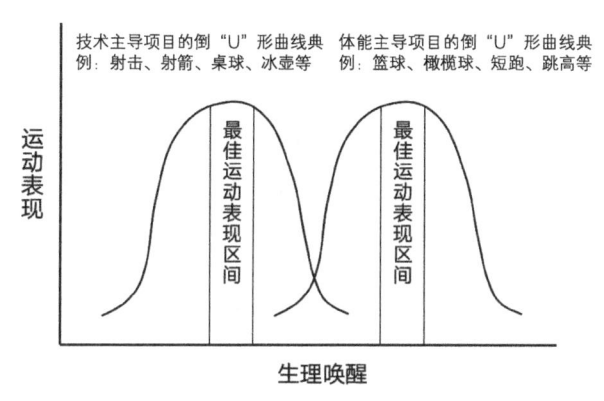

图1-5　不同类型运动项目生理唤醒水平与运动表现的关系

（根据Yerkes-Dodson Law研究理论绘制）

如图1-5所示，技术主导类运动项目和体能主导类运动项目的生理唤醒水平与运动表现的倒"U"形曲线呈现出不同的敏感区间。在技术主导类运动项目，例如射击、射箭、保龄球、桌球中，运动员需要在冷静、镇定的状态下稳定发挥，在比赛时避免兴奋或焦虑水平过高，因此，这类运动项目最佳表现区间的生理唤醒水平不高。而体能主导类运动项目，例如短跑、篮球、足球等包含数量多、强度大的灵敏移动，运动员需要充分激活自身的生理唤醒水平，其最佳表现区间往往需要较高的生理唤醒水平。

（二）内驱力理论

内驱力理论最初由赫尔（Hull, 1943）提出，以解释复杂技能操作，后来得到斯潘斯（Spence, 1966）等人修正，它解释了内在动机对人们的意愿和行为的影响。该理论推测，操作成绩是内驱力状态（D）与习惯强度（H）的乘积，即：

$$P = D \times H$$

该公式表明，在D（内驱力或者唤醒水平）提高时，P（操作成绩）是提高还是下降，取决于H。如果H为正（习惯是正确的），则P提高；如果H为负（习惯是错误的），则P下降。内驱力理论认为运动员的动力从内在因素（如兴趣、好奇心等）而不是外在因素（如奖金、荣誉等）中产生，这种动机能够提高运动员在灵敏移动中注意力的集中度和灵敏度；此外，个人在运动中具有的内在动机和自我控制感可以帮助他们持续训练，不断提高技能。因为这种动机是内在驱动的，所以更容易在疲劳或者失误的情况下保持良好的心态，调整自己的状态。这样，运动员依旧能够通过内驱力维持他们的训练或比赛动力。

（三）控制唤醒水平

1. 提升唤醒水平的办法

加快并加深呼吸，以激活心理状态。

进行充足的准备活动或赛前模拟练习，使整个人进入活力充沛的状态。

运用激励性话术（例如"加油"）和正面的提示（例如"我一定行"）。

听节奏强劲的音乐。

进行激励性的表象训练。

2. 提升唤醒水平的办法

微笑。

降低动作节奏。

缓慢地、持续地进行深呼吸。

专注于现在，不想过去，亦不理会将来。

进行放松表象练习。

享受现状。

第四节　灵敏移动的动作灵敏需求

大部分集体运动项目，如篮球、足球、橄榄球等，都包含很多范围较大的灵敏移动运动，运动员需要在短时间内迅速启动、加速、变向、减速，并具有在10米甚至更长的距离内完成快速冲刺的能力。而对于一些场地面积相对小的项目，如乒乓球、羽毛球、网球等，运动员同样需要在4—10米的范围内完成多方向的快速启动和制动。运动员在应对刺激时，整个身体的快速变向能力和变速能力共同构成了运动员的动作灵敏能力。动作灵敏主要取决于运动员自身的身体机能和运动素质。

一、速度

速度指人体快速完成动作的能力，主要有反应速度、动作速度、位移速度三种表现形式，它们分别用来衡量练习者对信号的应答能力、完成动作的快慢，以及肌体完成规定距离所需的时间。速度素质的三种形式都在灵敏移动中必不可少。其中，反应速度主要与反应灵敏性相关，动作速度、位移速度则主要与动作灵敏能力相关。

（一）动作速度

动作速度指完成一项运动或动作的时间或速度，通常以时间、速度、加速度等量化指标衡量。动作速度是衡量运动员身体素质的重要标志，也是灵敏、技巧、反应等特质的表现。运动员肌体每个部位动作速度的快慢都主要取决于中枢神经系统的功能、引起该部位运动的肌肉力量的大小，以及技术动作的合理性。

提高动作速度常用的方法包括提高技术水平的训练方法、提高力量和柔韧性的训练方法及专门的训练方法。

助力或减阻练习法：在训练中给予运动员助力，帮助他们快速完成动作的训练方法。具体手段如体操选手在教练的帮助下做快速的摆腿振浪练习、铅球教练在运动员最后用力的瞬间在其投掷臂肩后给予助力等。另外，还有在训练中减轻外界阻力（负重重量）的方法。具体如投掷运动员用轻器械投掷，以体会更快的动作速度。

预先加难练习法：在加大难度、加大阻力进行练习后，突然使阻力或难度恢复到正常水平，利用前面的练习对神经系统及运动系统的较高要求形成后续作用（痕迹作用），来有效提高动作速度。具体如跳高选手腿缚沙袋做摆腿练习，除去沙袋后再接着做相同的练习，以提高起跳瞬间摆动腿的速度。

变换训练法：缩小完成练习的空间，并缩短相应的时间的练习法（如在球类小场地快速完成练习），常常通过小场地练习限制活动的时间、范围和技术动作，进而达到提高运动员完成动作的速度的目的，例如5人制的室内足球比赛、3人制的篮球赛等。

速度控制训练法：通过主动对动作速度进行有效控制的练习来提高运动员对动作速度的感知能力，进而提高运动员的动作速度。如在技能主导类表现难美性项群的练习中单个或几个最高速度的动作与整套动作之间适合速度比例的训练，要求既发挥某个或某几个动作的最高速度，又重视动作与整体的速度配合节奏。再如格斗类项目运动员用比正式动作速度慢的速度进行练习，体会在肌肉放松情况下的用力大小、方向、节奏等，随后再以最大速度完成动作，这样往往达到很好的训练效果。

（二）位移速度

位移速度是人体在特定方向上移动的速度，通常以单位时间内肌体移动的距离作为评定指标。在体育运动中，它常以完成某一距离所需时间来表示，如男子完成100米跑需要10秒钟，完成100米自由泳需要50秒钟。位移速度主要取决于动作频率（单位时间内完成的动作周期数）和每个动作周期在特定运动方向上的位移距离。要提高位移速度，关键在于改进这两个因素，以及它们之间的合理组合。

启动能力训练：启动能力训练涵盖了起跑练习、负重短距离加速练习、短跑辅助技术练习等多种练习方法，可以帮助选手更快地开始比赛，并在最短的时间内达到最大速度。

助力速度训练（超最大速度训练）：助力速度训练法是利用器材或场地突破已有的速度极限的练习方法，短跑中的下坡冲刺跑、自行车训练中定量转速的功率自行车训练等都是以打破已有速度极限为目的的训练方法。超最大速度跑可以帮助运动员提高步频，使肌肉收缩速度加快，蹬地反作用力加大，增加其肌肉内储存的弹性势能。除了下坡跑，也可使用牵引练习、高速跑步机冲刺练习。

阻力速度练习：为了在加速跑阶段和高速跑阶段速度达到最大限度，必须将阻力训练的目标放在加大伸髋肌群的力量上。阻力训练的另一个目标是减小脚每次着地时身体重心下降的幅度。在短跑中的脚着地阶段，身体重心不应下降过多。下肢各关节伸肌的力量越大，支撑阶段中身体重心下降的幅度越小。下肢关节的屈曲度越小，引起的伸肌伸张反射越强烈，从而每一步后蹬的力量就越大。通过加大跑动的阻力提高下肢力量的速度训练方法有上坡跑、拖重物跑（轮胎、降落伞）、沙地跑、水中跑、雪橇车冲刺跑等。

通过专项训练，位移速度的发展和改善是无止境的。而且发展位移速度适用于各个项目，同时对其他技能的学习也具有促进作用。速度较快的运动员往往发散思维和想象能力较强，还具有较强的主动和创造性思考能力，如技能主导类隔网对抗类项目要求运动员具有判断快、反应快、启动快、动作快、移动快的特点，这样才能对比赛场上瞬间的变化做出相应的动作，这就要求运动员必须具有对运动客体（包括球的速度、方向、落点等）的反应能力和快速位移的能力。

二、力量

力量素质指人的肌体或肌体某一部分的肌肉在工作（收缩和舒张）时克服内外阻力的能力。力量素质对动作灵敏来说同样至关重要，运动员的快速启动、变向或横移、急停制动都需要以出色的力量素质作为基石。例如一场高强度的羽毛球比赛，运动员在场上做出的反复的快速移动可能高达500次左右，不计其数的蹬、跳、跨、击球、跳起扣杀等动作对下肢力量的要求很高；而无论是在前场的搓、推、勾、扑球、放球，还是在后场的挥拍吊球、扣杀都需要一定的手臂、肩部及躯干支柱力量。人体在运动中对外物施加的力的公式为：

$$力（F）=质量（m）×加速度（a）$$

因此，运动中人在改变自身或外物的速度时，力都会发生变化。在篮球、橄榄球、棒球等包含大量灵敏移动的高对抗性项目中，力量素质是保障运动技能发挥和取得优异成绩的关键。在这些项目中，教练往往倾向于帮助运动员增加体重，来提高力量水平，但运动员应在合理范围内通过训练有效增加瘦体重，以保证依然能够快速地启动、加速并制动。因此，在考量运动员的动作灵敏性与力量的关系时，还要将运动员的自身体重纳入考量，可以说相对力量（人体能够发挥出的最大力量与体重的比值）比绝对力量（最大力量）更重要。而在设计、安排动作灵敏性训练时，对于力量素质，应考虑三个方面的因素：向心收缩力量、离心收缩力量和静力性力量。

（一）向心收缩力量

向心收缩力量指肌肉长度缩短，起止点相互靠近而产生的作用力。例如乒乓球运动中手臂的挥拍，身体的运动模式以后臂的内收和肩部的屈曲为主，其中胸大肌、三角肌均为主动发力肌群，产生向心收缩。在肌肉收缩过程中，挥拍产生的功为正功，能够克服阻力，使乒乓球沿作用力的方向移动。

从理论上讲，在跑动或跳跃时，脚对地面产生的作用力越大，身体获得的加速度就越大。同样，在跑动恢复阶段，髋部屈肌产生的力越大，髋部产生的向前的加速度就越大。这样，运动员便能够更快地调整脚的位置而为落地做准备，在直线快跑或变向时，步频就会提高。

在我们考虑"相对力量"的概念时，向心收缩力量和爆发力动作的关系更加明显。运动员的身材和体重是相对力量的影响因素。从绝对力量的角度考虑，假如两个运动员的蹲举重量都是300千克，那么我们可以说他们有同样的蹲举力量。假如蹲举力量不变，其中一个运动员体重是75千克，另外一个是120千克，那么体重较轻的运动员则具有更大的相对力量。体重较重的运动员若要进一步提高运动中的灵敏移动能力及爆发力，就需要在一定程度上降低体重，提高自己的相对力量。

然而，对于高水平的运动员，向心收缩力量和爆发力动作的关系不是很明显。这表明力量增长有一个极限值，在达到这个极限时，爆发能力的提升更多地受爆发力发展速率（即肌肉产生该速度所需的力量）的影响。

向心收缩力量的峰值大小在疾跑加速阶段非常重要，而加速能力又是影响最佳动作灵敏技术的重要因素。因此，向心收缩力量在提高动作灵敏成绩的过程中至关重要。

（二）离心收缩力量

离心收缩力量指肌肉拉长时产生的作用力。人体在离心收缩过程中做的功往往为负功（物体沿作用力的反方向，即外部阻力的作用方向移动）。在灵敏移动中，典型的离心收缩往往发生于制动过程中，如羽毛球运动员在后场击球后接对手的吊球需快速向前跨步，呈弓步姿势。在该制动过程中，运动员需要克服非常大的惯性冲量。拥有良好的离心收缩力量的运动员能很快且有效地使身体减速，并在变向过程中保持动态平衡。快速减速并保持平衡是影响快速变向能力的另一个重要因素。离心收缩力量不足会使减速过程变长，从而降低快速变向能力。

除了能够帮助运动员提高减速的能力、缩短减速时间，离心收缩力量对预防运动员损伤也有着重要的意义。肌肉做离心运动时，运动员可以获得最大力量。大多数损伤发生在减速环节，肌肉组织的离心收缩力量对于安全减速非常重要。如果这些身体结构组织不能承受运动中的作用力，不良的躯体受力会导致错误的身体姿势，从而增加受伤的概率。不过，用于离心力量训练的阻力训练和伸展 — 收缩循环训练可以提高运动员的减速能力，从而提高运动员的动作灵敏性和运动成绩。

(三）静力性力量

在进行灵敏移动时，关节的稳定性是一项影响有效发力的重要却常常被忽视的因素。灵敏性动作训练要求加强躯干和下肢关节肌肉的稳定性。例如，在做放脚切入动作时，脚着地时，地面的作用力会依次传递到腿部、髋部，进而将身体向前推进。但是，如果不能通过肌肉收缩稳定这些关节和支撑躯干的肌肉组织，很大一部分力量将在这些位置被吸收或失去，从而使肌肉由离心收缩向向心收缩转变的速度减慢。这将导致缓慢、低效的动作，影响最佳的技术表现。

该方面的一个典型案例是多方向绕行标志桶的灵敏性动作训练。如果一个运动员在做切入动作时缺乏横向减速能力，很可能因躯干稳定性不足而花费更多的时间，并增加受伤风险。相比之下，躯干稳定性较强的另一个运动员在相同的条件下完成同样的动作，由于动作熟练、流畅，他获得成功的机会将更大，受伤的可能性也较小，即使其速度稍慢。

增强稳定性的力量对于在运动中保持身体平衡也很重要。例如，在快速跑步发力阶段，臀大肌必须收缩，以产生向前的爆发力，臀大肌也会帮助髋部向外旋转。要控制身体，以避免无效运动造成运动员向前运动的能量泄露。为了防止髋部进行无效运动，髋内收肌必须收缩，以提高髋关节的稳定性。这确保了内收肌产生的力量推动身体向前，而不被浪费在其他动作上。同时，半膜肌（位于大腿的后上部）和侧腓肠肌（位于小腿的外侧）在做切入练习时能够帮助控制膝关节的无用动作，从而提高动作质量，并降低受伤风险。

（四）伸展 — 收缩循环

人体在进行跳跃之前，会迅速屈曲髋部、膝部和踝部，随后伸展这些关节。这是因为通过离心动作快速伸展相关的肌腱组织可以使这些组织在接下来的收缩动作（向心动作）中以更短的时间产生更大的力量和功率输出。这个过程即拉长 — 缩短循环，这一过程在我们日常生活的大部分活动中都会发生。

伸展 — 收缩循环包括三个阶段：离心阶段、过渡阶段和向心阶段。

在离心（伸展）阶段，运动员的动作方向与准备运动相反。这时，相关的肌肉会经历一个拉伸的动作，这一阶段对于伸展—收缩循环的有效性至关重要，因为肌肉会在这个阶段得到伸展。研究表明，小幅度和高速度的伸展动作对于后续向心力量的增加非常重要，通过在更小的范围内快速移动，运动员可以获得更大的肌肉反弹力，并产生更大的力量。

过渡阶段是伸展—收缩循环中最关键的部分，它是一个转折阶段，处在离心阶段的末尾与向心阶段的开始之间。在伸展—收缩循环中，由离心阶段到向心阶段的快速转换能力通常被称为"反应力量"。向心阶段指的是在力的作用下，运动员向预期方向运动的阶段。在这个阶段，先前的离心阶段中相关肌腱组织中存储的能量会释放出来。

对伸展—收缩循环的研究已有几十年的历史。过去的研究将这一现象归于神经生理学原理和另外一种力学原理。神经生理学原理体现在伸张反射和肌梭活动中。一块肌肉快速伸展（例如切入动作开始时股直肌和腓肠肌的状态）时，与发力的肌肉纤维平行的相关肌梭也会伸展，这就会产生一种单突触反射。在这个过程中，肌梭的神经末梢会向脊髓神经发送一个肌肉长度改变的信号。作为响应，脊髓神经也会向相应的肌肉发送一个刺激性的信号，这将导致先前伸展的肌肉反射性的向心动作。这个反应也可在一定程度上避免肌腱拉伸过度。

肌腱单元存储的潜在能量同样能提高肌肉的效率，这包括一系列弹性成分（肌腱）和与肌腱单元平行的弹性成分（肌肉内的筋膜）的小幅度伸展。当肌肉拉长，弹性能量就存储在这些成分中。这些能量无论是存储于收缩还原肌肉的组织中，还是成为热量，在存储后都会立即释放。在短跑、跳跃、侧切等动作中，这些动作在蹬地用力阶段产生力的时候便能够使用存储的能量。在肌肉拉长的过程中，串联弹性结构和并联弹性结构中的弹性势能只能持续很短的时间，随后便会以热能的形式消耗。然而，如果过渡阶段持续的时间最短，一系列弹性成分和平行弹性成分的收缩动作会与心肌动作结合，以增加力量和功率输出。如果运动员仅仅依靠肌肉收缩，而没有进行预先的拉长，在完成相同的任务时，他们就需要使用更多的力量，并且不能实现相同的向心收缩力量和功率输出。

根据这些特点，伸展—收缩循环也许与训练有素的运动员的力量水平没有关系，但是通过训练可以得到改善。科学地安排伸展—收缩循环训练对运动员的很多方面都有帮助：

可以提高肌肉的力量、耐力和控制能力，尤其是增强肌肉收缩控制力和肌肉的负重容纳能力。

可以减少运动员在活动范围内的关节压力，从而降低受伤的风险。

可以增强身体锻炼的功能性，有助于日常生活中的各种活动，例如爬楼梯、举重等。

可以增强肌肉的弹性和可塑性，有利于增强身体的柔韧性，避免僵硬。

因此，运动员在训练时应加入针对专项运动的伸展—收缩循环的练习，从而最大限度地增加快速力量，并提高动作灵敏性。

三、功率

（一）做功

人在进行灵敏移动运动时，身体所需的力量往往并非慢速的最大力量，而是瞬时产生的快速力量，肌肉需要在短时间内以最大速度的收缩来产生高强度的力量输出。快速力量即爆发力，涉及的物理学单位便是功率（Power）。功率的计算如下：

$$功率（P）=功（W）/时间（t）$$

功（Work）指能量由一种形式转化为另一种形式的过程。做功的两个必要因素是作用在物体上的力和物体在力的方向上通过的距离。其公式为：

$$功（W）=力（F）\times 距离（s）$$

将两个公式结合进行推导，功率的公式如下：

$$功率（P）=力量（F）\times 速度（v）$$

肌肉活动中力和速度的关系表明，在功率一定的情况下，随着运动速度的增加，肌肉产生的力会减小。在同时需要高速度和高力量的运动中，上述现象对人体不利，比如做启动、停止、变向等动作时，为了提高这种类型的动作的训练成绩，人体应当注重提高自己在高速运动时发挥更大的快速力量的能力，而这样也会实现功率最大化。

需要注意的是，人体缓慢地移动身体或负重不能使自己的爆发力得到有效的训练。正如前面的公式表明的那样，增大功率输出可以通过增加力的输出或提高运动速度来实现。提高移动速度的方法与增加力的输出的方法有明显的不同之处，制定动作灵敏性训练计划要两者兼顾。有一种假说认为，为了使肌肉的功率输出最大化，人体首先必须提高自己的肌肉能够产生的最大力量（即肌肉力量），然后，人体必须加大输出力的速率（即提高运动速度）。建立一个好的力量基础对于高速完成动作很重要，这会产生更大的功率输出。

（二）力量—速度曲线

为了提高体能训练计划的特异性和准确性，需要分析原本的需要，也就是运动员的优势和劣势。力量—速度曲线表明，最大力量是在低速时产生的，而极速是在低阻力的情况下产生的。这两个变量有着相反的关系。力量与速度的关系可以被体能教练在设计、执行不同的训练计划时使用。

如图1-6所示，横轴为速度，纵轴为力量，单位分别为m/s和N。不管从宏观上人体对外施加的力量和自身移动速度的角度来探讨，还是从微观上以单位肌肉的收缩力量或收缩速度来看，我们在某一时刻提升力量和速度的其中一个值时，必然导致另一个值的降低。在对不同人群不同负重情况下的力量和速度进行测试后，形成了图中的曲线，反映出了同一时间下力量与速度的负相关。根据功率公式，爆发力等于力量与速度的乘积，因此在力量—速度曲线中，某一点的爆发力的大小等于该点横坐标与纵坐标数值的乘积，即从该点分别向横轴、纵轴作垂线而形成的长方形的面积。在曲线中间的某一点处，该长方形的面积最大，运动员可以发挥出最大爆发力水平。个体能发挥出最佳功率的点因人而异。

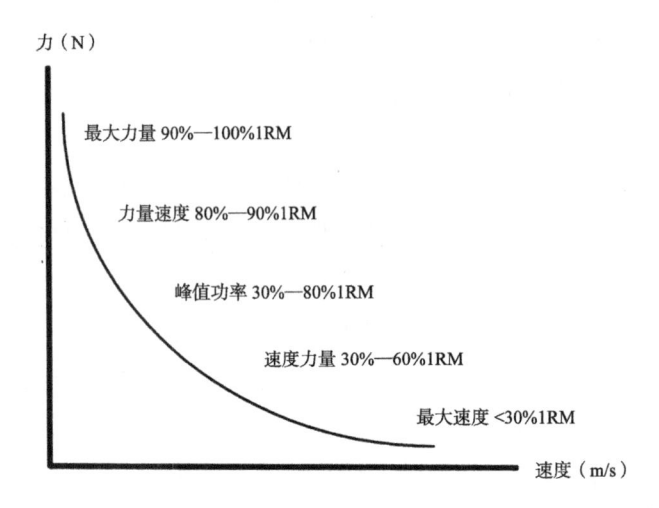

```
力（N）
│
│  最大力量 90%—100%1RM
│
│    力量速度 80%—90%1RM
│
│       峰值功率 30%—80%1RM
│
│          速度力量 30%—60%1RM
│
│               最大速度 <30%1RM
│_____ 速度（m/s）
```

图1-6　力量 — 速度曲线不同区间发展的对应素质（根据Owen Walker研究理论绘制）

　　表面看来，提高力量和速度任意一项，都可以提升最大功率。但研究人员经过大量的研究实验发现，单独进行某一特定区间的训练只能提高训练者在该区间的运动表现。例如训练最大速度只会帮助运动员变快，而不使之变强壮；训练最大力量使之变强壮，但速度不一定提升，甚至还可能稍微下降，而且单独提升在某区间的能力也被证明对提升个体最大功率没有明显的效果。通过在运动员身上的进一步实验，研究人员发现，要有效地提升功率，训练者需要在力量 — 速度曲线的所有区间进行整体、全面的训练，使自身的力量 — 速度曲线向右上方平移。这种平移意味着力量发展速率的提升，代表训练者能够在单位时间内产生更大的力量，也就是使爆发力增强，这在灵敏移动中对跑跳能力起决定性作用。

　　在很多情况下，力量和爆发力训练的目的是改变力量速度曲线，使之向右改变。实际上，这意味着运动员可以在高速度的状态下突破各种阻力，从而变得更具爆发力。使曲线向右改变意味着改变力量提升的比率。

这对设计训练计划有非常大的影响，应充分考虑。如果一个运动员缺乏力量，但速度非常快，那么就应该花更多的时间在更高的力量下对他进行训练，以提高他的力量能力。

第二章

灵敏移动在不同情境中的应用

第一节 灵敏移动在体育教学中的应用

当前,体育教育及竞技日益受到认可和重视。而在体育教育中,灵敏移动能力的培养和塑造对于提高学生的反应能力、培养其运动技能、提高其身体素质和应变能力非常重要,同时也可以更好地激发学生的竞争意识。

一、提高学生的反应能力

在体育教学中合理安排灵敏移动练习能够提高学生对感官信息的处理能力和反应速度,从而提高学生的反应能力,以及在比赛中的应对能力。在体育教学中可采用人球一体式的练习方法。例如,在羽毛球教学中,教师可以用非固定的各种方式抛球(正手发球、反手发球、抛后场球、抛网前球等),要求学生迅速抵达规定地点接球并高质量地击球,以训练学生的反应能力和专项技术。

二、培养学生的技能

在体育教学中采用灵敏移动练习能够帮助学生更好地掌握运动技能，提高运动技能的运用效果，有利于学生在比赛中取得更优异的成绩。在体育教学中，练习灵敏移动可以使学生更好地掌握并运用运动技能。例如，在篮球教学中，教师可以让学生采用交叉步、滑步等，并结合不同信号做出对应反应的方式来提高其反应速度和动作灵敏水平，这些练习对于学生在比赛中的进攻、防守步法和技术水平有着不容忽视的作用。

三、提高学生的身体素质

灵敏移动练习能够训练学生的身体协调性、平衡能力、反应灵敏性、反应耐力、耐力等素质，提高他们的综合身体素质，有利于学生身体健康，并帮助他们在各类型运动项目的比赛中更好地发挥自己的能力。例如，在足球教学中，可以采用在无球状态下追抢球的练习方式，或结合绕直杆进行步法训练，以提高其灵敏性和协调性。

四、培养学生在比赛中的应变能力

在体育比赛中，不同的情况和变化会经常发生，学生需要具备良好的应变能力，以适应并应对这些情况和变化。灵敏移动练习在体育教育中起到培养应变能力的重要作用。通过灵敏移动练习，学生可以进行各种不同的移动动作训练，灵活应对比赛现场的各种变化。举例来说，在足球比赛中，学生可能需要迅速变换方向或改变脚步，以应对对手的攻击或防守策略。通过反复练习多种移动技巧，学生机动性和敏捷性会得以提高，从而更迅速、更好地应对比赛中的各种情况。

此外，灵敏移动练习也可以培养学生迅速做出决策的能力。比如，在篮球比赛中，学生可能需要根据比赛的形势和对手的位置迅速做出进攻、传球或防守的决策。不断地进行灵敏移动练习可以增强学生在比赛中的思维敏捷性，提高其反应速度，使他们在短时间内做出准确的决策，从而更好地应对比赛中的变化。

五、激发学生的竞争意识

在体育教学中，竞技体育游戏可以使学生在其中不断提高自己的灵敏移动能力及其他多种运动能力，从中获得竞争的愉悦和自我激励，增加比赛动力。在教学实施过程中，可以采取各种形式的竞争来激发学生的竞争意识和动力。例如，可以在教学中组织灵敏类游戏或小型比赛，让学生们比拼反应能力、动作速度等。

在体育教学中，运动项目和比赛的技能训练，以及身体素质的培养都必须受到重视。这些可以培养学生的协调性、平衡能力、反应灵敏性、反应耐力、耐力、速度等素质，促进学生身心健康，并且提高他们的社交能力。为了帮助学生学会灵敏移动练习的方法，并加以应用，必须对不同的运动项目了如指掌，并深入了解其训练课程、训练计划和训练方法，帮助学生们树立良好的体能训练观念。这既有助于学生个人素质的提高，也有利于体育事业的快速发展。

第二节　灵敏移动在运动训练中的应用

一、在不同项目中的应用效果

（一）隔网对抗项目

隔网对抗运动项目以小球类运动项目居多，在面积有限的场地范围内，运动员往往需要在4—10米的范围内完成大量的启动、冲刺、制动等快速动作，包含频繁地快速变换身体的姿势和方向，以便进行防御，并向对方做出反击。出色的灵敏移动能力能够帮助运动员更好地完成这些动作，而科学的灵敏移动练习能够帮助运动员提高隔网对抗运动需要的多项素质。

提高速度和反应时间：灵敏移动训练可以缩短运动员的反应时间，提高其反应速度，这对于运动员在比赛中迅速判定条件和做出反应至关重要。在隔网对抗项目中，许多运动员都有着非常相似的技能水平，但是速度和反应更快的运动员往往占据优势。

提高手眼协调性：隔网对抗项目，特别是持拍类运动项目（如乒乓球、羽毛球、网球）中，球的速度往往非常快，需要运动员迅速做出反应。出色的手眼协调能力能够帮助运动员迅速接收并处理视觉信息，可使运动员迅速、准确地判断球的速度、方向和轨迹，并迅速将这些信息传到手部，通过手部的动作精确地击球或接球。

提高准确性：灵敏移动训练可以提高运动员的准确性，使之在比赛中更好地控制身体。训练还有助于减少运动员在比赛中发生错误的概率，尤其在高度紧张的运动环境下。

促进身体协调性：灵敏移动技能需要运动员在处理复杂动作时具备出色的身体协调性。这体现为一个创造性的过程，需要运动员在规定的时间内完成一系列组合动作，且运动员需要准确地知道哪些动作适合哪些场景。训练会帮助运动员发现转换和配合动作，增强协调性。

总而言之，灵敏移动在隔网对抗项目中的应用对于多方面的技能和能力的培养都具有重要作用。采用适当的训练方法和技巧，运动员可以在比赛中表现得更加出色，从而在激烈的比赛中获得胜利。

（二）同场对抗项目

对于大部分同场对抗项目，如篮球、足球、橄榄球等，运动员需要在短时间内迅速启动、加速、变向、减速，且很多时候，他们需要具备在10米甚至更长的距离完成快速冲刺的能力。合理地设置灵敏移动练习可有效帮助运动员提升能力。

提升反应速度：灵敏移动练习能够提升同场对抗项目运动员的反应速度。比如足球守门员需要重复、大量地进行扑球的专项训练，并不断提高对射门（无论是行进运动中射门还是点球射门）球员动作力度及射门方向的判断，提高自己在比赛中守门时的反应速度和注意力集中程度。

实现更好的协作：在很多同场对抗的球类项目中，团队协作能力至关重要，而灵敏移动可以实现球员之间更好的协同合作。比如在足球比赛中，球员需要进行快速移动和传球，既需要对跑位、战术有清晰的认识，也需要有灵敏的反应和肢体协调性，以高质量地执行既定战术，并进行临场调整。

提高敏捷度：同场对抗项目需要运动员经常靠灵敏移动避险或完成精细的技术动作。比如在橄榄球比赛中，球员需要不断地进行躲闪和加速冲刺，并完成高难度的接球，而灵敏移动是实现这个目标的关键。

降低损伤风险：拥有灵敏移动能力能够帮助运动员更好地抵御对方对抗可能造成的攻击，降低运动中的受伤风险。比如在棒球比赛中，球员需要迅速应对并反击对方的来球，避免被对方瞄准漏洞打中敏感部位。

综上所述，灵敏移动练习能够帮助运动员在同场对抗项目中获得更高的胜率。对抗类运动项目往往包含大量的肢体接触和更大范围的多方向移动，运动员需要着重加强力量、爆发力训练与灵敏移动练习的结合。在比赛中，运动员需要尽可能地追求精度与速度的平衡，同时占据并保护自己的优势位置。灵活运用灵敏移动可以帮助运动员更好地占领场上有利位置，从而取得比赛的胜利。

二、实施技巧

在为运动员设计灵敏移动练习时，可结合很多技巧来丰富训练形式，最大化训练效果。

模拟比赛场景：模拟比赛场景是灵敏移动应用中的重要一环，可以通过运动员在接近比赛的压力和情境下进行训练的方式来实现。这种训练方法不仅可以帮助运动员在比赛中更好地适应局面，还能够提高其反应速度和判断能力。此外，模拟比赛场景进行练习还有助于运动员在训练中发现并纠正错误，以避免在比赛中重复犯错。

逐步增加训练强度：在运动员具备了基本的反应速度和协调能力之后，应逐渐增加每次训练的强度。运动员在每次训练中都需要挑战自己，逐渐适应更高难度的训练，从而不断提高灵敏移动能力。这个过程可能是缓慢且痛苦的。只有经过不懈的努力和不断的训练，运动员才能够不断提高灵敏素质乃至整体体能水平，增加在比赛中取得胜利的砝码。

多样化训练内容：在各种球类项目中，球员需要完成多种移动动作，且不同的项目侧重的移动类型比例不同。从前后移动到侧移和转髋斜向移动，每种动作都需要不同的技巧和动作速度。因此，应该在训练过程中不断改变练习形式，丰富练习内容，加强对各种移动方式的练习。

与专项技术结合：教练在为球员设计灵敏移动训练计划时，还可将练习内容与专项技术练习结合，如将足球运动中的灵敏练习与传统的步法训练结合进行带球，并与绕过障碍后的射门结合在一起。这可以帮助球员在比赛中有效地利用灵敏移动能力。这种综合技能的训练通常在团队比赛和训练中进行，因为这些练习模式往往更接近比赛中的真实情况，从而帮助运动员更好地为实战能力奠基。

第三节　灵敏移动游戏

灵敏移动游戏是一类需要玩家对外界信号刺激迅速做出反应，并且身体做出相应动作或位置移动的游戏。在这类游戏中，玩家需要做到眼、手、身三者协作，来完成任务。这种游戏能够提高玩家的反应能力、协调能力和身体素质。

一、游戏方式

灵敏移动游戏种类繁多，从室内到户外，从体育项目到游戏娱乐，都有涉及。例如：

丢沙包：最少3个人就可以玩的游戏。用有点重量且没有棱角的东西（例如一小包瓜子）作为"投杀"武器。在规定的场地内，两边的人都用沙包投掷站在中间的人。中间的人若被沙包打中则下场，只要用手接住投掷者扔过来的沙包，就能"多一条命"。

踩气球：这个游戏需要玩家双脚做灵敏移动，来踩破气球，有利于练习踝关节和膝关节的灵活性，还可以增加听觉方面的感知。

接力赛：接力赛是一种团队协作比赛，需要队员们按照既定的路线快速地传递接力棒，强调迅速反应和身体灵活性，以及团队协作。在具体的游戏设置上，还可通过增设障碍物、改变路线等方式不断增加难度。

绕弯路：这是一种在地面上进行的棋盘游戏，需要玩家在规定的路线上进行移动。这种游戏能够训练玩家的身体平衡能力，加强脚部的灵活性，锻炼视觉感知和反应能力。

"井"字接力：在地面上10—15米的距离内有若干条线被拼成"井"字而形成的九宫格。玩家分两组（可两人，也可多人）进行比赛，需先折返跑到同等距离处手抱药球，搬运至九宫格处并放在地面上，像下棋一样占据一个格子，随后继续折返搬取药球，运送至九宫格处，放在格子里，率先拼出一条直线的三个格子（横线、竖线或斜线）的玩家即为获胜。

二、灵敏移动游戏的益处

灵敏移动游戏不仅趣味性十足，且对人体有很多益处。通过参与灵敏移动游戏，参与者可以获得诸多好处：

提高反应能力：灵敏移动游戏需要玩家迅速做出动作，可以通过该游戏教育小孩和成年人如何避免受伤。而这种训练有助于提高人体的反应能力，可以增强神经系统对刺激的感知和反应能力，使大脑更快地处理信息，提高反应速度。

提高联想和思维能力：灵敏移动游戏通常具有很高的节奏感和紧张感，需要玩家全神贯注。玩家可以在游戏中不断提高自己的注意力水平，在其他任务中也能很好地保持专注。有些灵敏移动游戏需要高效的联想和思考，例如排球、篮球等团体球类运动，涉及很多临场选择和发挥。通过这类游戏，玩家可以训练自己在压力下迅速做出决策的能力，并学会权衡利弊，做出最佳选择。

加强心肺机能：运动游戏是很好的提高心肺机能水平的方法，而灵敏移动游戏常常需要玩家持续运动，这对其心肺功能（包括呼吸系统、循环系统、心血管系统等）都有潜在的益处。

加强协调能力：灵敏移动游戏能够训练上、下肢协调性和一定程度的手眼协调性，从而提高身体素质，使参与者在日常的多种活动中更加协调、舒展。这类游戏可以提高玩家手部与视觉系统的协调性，使操作更加准确、流畅。

三、灵敏移动游戏的训练

灵敏移动游戏可作为一种训练和锻炼身体的方式。在设计锻炼方案时，玩家可以增加灵敏移动游戏的内容，并且定期进行灵敏移动游戏的训练，每周 1—2 次，每次 15—30 分钟。对儿童和青少年来说，灵敏移动游戏可以有效提高其身体综合素质，大有裨益。

四、灵敏移动游戏的适用对象

灵敏移动游戏适合各个年龄段的人群。例如，儿童可以通过参与灵敏移动游戏增强身体协调能力，提高反应能力；成年人可以通过参与灵敏移动游戏增强体质，缓解压力；老年人可以通过灵敏移动游戏维持身体协调能力和感知觉能力，有效降低跌倒风险。

第四节　灵敏移动在生活、工作中的应用

灵敏移动在人们的日常生活及工作中有着非常广泛的应用。当前，人类的生活方式较过去更为丰富，工作类型繁多，且各类体育运动在大众、社区等环境中越发普及。其中，灵敏移动在人们的生活和工作中可谓无处不在。

一、多种体育活动

灵敏移动在多种体育活动中占据着重要的位置。网球和羽毛球运动的爱好者往往需要通过反应快、身手灵活来应对球场上的各种变化。在网球、羽毛球等项目中，除了球技的展现，反应能力及身体协调性也是十分重要的。而这些技巧不仅对于竞技体育有着重要的意义，在群众体育、社会体育中也对大众身体综合素质的提高有着不可忽视的作用。

另外，篮球、足球、橄榄球等体育运动也对身体的协调性和灵活性有着较高的要求。在比赛中，球员们需要快速移动、抢球并躲避对手的拦

截，同时需要具备迅速反应的能力来应对突发情况，如球险些出界、突然出现飞过来的球等。同时，这些项目也需要球员具备更高的力量素质。在大众体育比赛中，力量训练的普及对于不同水平的参赛选手有着重要的帮助作用，同时，对大众健康而言，其意义也不可小觑。

二、在工作场所中的协调与安全

工作场所也是需要人们进行灵敏移动的地方。在很多制造产业的工作环境中，工人需要不停地调整自己的位置，并且不断地利用身体的协调能力和反应速度来完成复杂的机器操作。身体协调和反应能力缺乏的工人会发生身体碰撞、擦伤甚至严重受伤。

此外，在紧急救援领域，救援人员需要迅速应对复杂而危险的情境。例如在火灾现场，消防员需要提高灵活性和协调能力，才能在复杂的环境中行动自如。类似场所的应对操作需要配合做出即时响应、身体悬挂、顶部抛投等很多特定的动作。因此，在相关领域，灵敏移动训练同样是必不可少的。科学的灵敏移动练习不仅可以使运动员在体育运动中有更好的表现，也能够在日常生活中帮助消防员等特殊的工作人员提升身体素质和应对危急情况的反应速度。

三、在军队体能训练中的应用

灵敏移动练习在军队体能训练中同样有着广泛的应用。在军事作战中，战士需要在高压而复杂的环境中做出正确的决策和行动，结合快速的步伐移动、转身和躲避动作，灵活地适应各种不同的环境和情况。因此，灵敏移动练习对于提高战士的动作速度、反应速度、敏捷性和决策能力至关重要。

合理安排灵敏移动练习可以锻炼战士的肌肉协调性和神经反应机制，使他们更迅速地做出反应，在作战中迅速调整自己的位置和姿势。灵敏移动练习也可以帮助战士有效提高反应速度、决策能力和适应能力。通过模拟各种不同的情况和障碍情况进行训练，战士可在短时间内做出准确的决策，快速地分析形势，判断最佳行动方案，并迅速采取行动，从而更好地应对复杂而紧张的战斗情况。有研究指出，将灵敏练习纳入军队体能训练，对于提高战士的作战能力有着重要的意义，不仅对于提高传统的综合体能卓有成效，而且能够提高战士的认知表现功能，包括视觉警惕性、连续记忆力等。具体的练习可以通过各种不同的动作和情境实施，如转身、躲避、障碍物绕圈等。此外，灵敏练习也能够增强战士的平衡性和稳定性。在战斗中，战士往往需要在不稳定且恶劣的环境中保持平衡和稳定。灵敏练习可以加强战士的核心稳定性和平衡素质，提高他们在不平稳地面上的行动能力。这种训练也能使战士迅速应对突发情况，调整姿势和动作，以适应不同的战斗情境和环境。

总之，灵敏移动练习已是军队体能训练中必不可少的内容。军队体能教官应根据实际需要和训练目标设计适宜的灵敏练习计划，以提高战士的反应速度、敏捷性和决策能力，进而提高其战斗力。只有经过系统而持续的灵敏练习，战士才能在战场上做出准确、迅速而明智的决策，保障自身安全并确保任务顺利完成。

实践篇

第三章

篮球项目的灵敏移动练习方法

第一节 篮球运动的项目特征

篮球是一项以运球、传球、突破、投篮等动作模式为核心的运动项目，球员需要在篮球场内做出大量的启动、加速、制动、跳跃、转身等动作，以达到进球得分及尽可能防止对手进球得分的目的。作为一项对体能素质要求较高的项目，篮球球员需要具备良好的速度、爆发力，以及灵敏、协调、平衡等素质。

一、灵敏素质需求

篮球运动需要球员具备良好的动作速度和灵敏性，不同距离（5米、10米、15米、20米）的折返冲刺及变向均为篮球运动的重要训练及测试评估内容。此外，反应速度和灵敏素质也是篮球项目所需的重要素质。有研究表明，认知能力对于反应速度和灵敏性影响巨大。反应与敏捷性相关预测模型表明，形态学指标（身高、体重、体脂率）、短跑冲刺速度、变向速度与灵敏素质有一定程度的相关性，反应时间和决策时间则与灵敏素质有非常高的相关性。篮球运动的反应和决策训练应被特别纳入篮球体能训练计划中。

二、球场位置

篮球球员按位置可被分为五种,即控球后卫、得分后卫、小前锋、大前锋及中锋,且篮球运动对每个位置的球员体能水平的要求不尽相同。研究表明,处于不同位置的高水平篮球球员的生理特征不同。后卫被要求有更高的速度、灵敏性及耐力;中锋、大前锋则需要具备更强的肌肉力量和爆发力;与前锋、中锋相比,后卫在比赛中往往有数量更多、时间更长的多方向冲刺和高强度间歇式运动,站立和行走的次数也更少。有研究指出,需要进行更多临场决策的非计划性灵敏水平更多适用于对中锋的灵敏素质需求,而对后卫的计划性灵敏水平和非计划性灵敏水平有较高的需求。在篮球比赛中,中锋往往具备较高大的身材,高水平球员身高往往达到两米以上,在比赛中需要更敏锐地判断篮板球落点位置,以迅速决策,以便选择性地卡位,并在第一时间抢得篮板来进行二次进攻或者发动反击;后卫则需要有更加灵巧、敏捷的身体素质,在比赛中迅速做出突破、上篮、传球等多种技术动作,因此对其动作灵敏性和反应速度都有很高的要求。

三、水平

此外,不同水平的篮球爱好者对灵敏素质的需求类型也有所不同。有研究表明,半职业和业余篮球运动者在动作灵敏性方面没有较大差异,而在反应性灵敏移动能力方面存在显著差异。水平较高的篮球球员往往也具备更优秀的反应能力和决策能力,其神经与肌肉建立的联系也更为紧密,这不仅需要球员具备扎实的技术基本功,同时也需要他们在训练及比赛中不断提高神经系统的生理机能。更高水平的篮球比赛往往需要球员完成更大的高强度间歇式运动负荷。有研究对同一支篮球队中的首发球员和替补球员做了变向速度测试(Change of Direction Speed Test)和反应性灵敏移动测试(Reactive Agility Test)。结果表明,两者在变向速度上没有显著差异，而在反应性灵敏移动测试中，首发球员的反应时间、决策时间和总时间都显著少于替补球员。

四、年龄段

不同年龄段的篮球球员表现出来的素质需求不同。青少年阶段是球员发展技术和灵敏素质的关键时期，科学的灵敏素质培养对于球员成年后参加比赛有重要的奠基作用。一项针对12岁和14岁男子优秀篮球球员速度和灵敏性的测试的结果表明：12岁球员的20米跑与30米跑没有显著相关性，30米跑与50米跑则显著相关；灵敏测试中的"T"形跑、"Z"形跑、折返跑均没有显著相关性。对于14岁球员，三种速度测试没有显著相关性，而三种灵敏测试显著相关。教练和家长在为篮球球员及青少年爱好者安排训练时，应考虑速度和灵敏素质的不同敏感期。建议在12岁以下青少年的速度训练中加强30米之内的短距离冲刺，灵敏训练可以多种不同路线折返跑结合的方式进行；而对于14岁及以上青少年，应加强不同距离速度训练，在进行灵敏训练时应考虑增加难度级别，力求阶梯化安排训练难度。

第二节　篮球运动的动作特征

篮球运动不仅需要球员向前、后、侧、对角线等不同角度多方向移动，还需要球员迅速变向、在快速的运动中急停，以及从静止状态向全速移动转换。防守球员需要紧跟进攻球员，在面对面的挡拆球员时迅速挤过或绕过掩护。进攻时，持球球员需要运球并加速突破来甩开对手。无球球员需要积极跑位，随时准备跑出空位，接传球投篮，或帮助队友挡拆，延误对面球员防守。脚步的快速移动是在篮球运动中取胜的关键，因此，灵敏能力对获取比赛的胜利具有明确而深刻的影响。从技术类型来看，篮球运动主要由投篮、运球与突破过人、传球、无球跑动等基本技术构成。

一、投篮

作为篮球比赛中得分的主要手段，出色的动作模式能够帮助球员实现更高的得分率。

常用的投篮基本姿势是单手投篮，另一只手在篮球侧面进行护球，投篮手需轻轻托住球，在投篮时准确地瞄准篮筐，控制投篮的力度和角度，用手指尖的力量将球拨出。投篮时双臂的位置、身体的倾斜角度、双脚的位置、对地面的压力等都是影响投篮质量的重要因素。比赛中，球员投篮时的姿势往往并不像训练中那样保持恒定，投篮常常以动态的姿势进行。在面临防守球员的压力时，球员需采用跳投或中远距离投篮的方式，在投篮之前进行跳跃，提高投篮的高度和力度。常用的投篮手段包括外线的"one motion"式及"two motion"式跳投，突破抛投，内线的正手上篮、反手上篮、换手上篮等。

二、运球与突破过人

运球突破是篮球比赛中一种重要的得分手段。篮球球员需要凭借各种扎实的运球基本功平稳地持球，并通过解读对手的防守策略，针对性地采取对策来尽可能地找到空间，突破过掉防守。运球包括单手"in and out"运球，体现变向包括"cross over"、胯下运球变向、背后运球变向等动作模式。球员需要具备突然变换方向、跨步变向、加速等技巧，让对手无法预测其下一步的移动方式。运球的熟练度主要依赖手指对球的掌控能力，高水平球员甚至能够表现出"人球合一"的境界。运球与突破过人是篮球运动后卫的必备技能，球员需要具备出色的横向、斜向等多方向、角度快速移动的能力。

三、无球跑动

不论是进攻端还是防守端，无球跑动在篮球运动中都是极为重要的构成部分，进攻方无球球员既包括被随时提上线进行挡拆或策应的内线球员，也包括穿梭于场地之中寻找空位机会的无球球员。常规的摆脱防守技术包括"V"形切、"L"形切、反跑等移动技术。跑动路线并非一成不变，而体现为由场上球员根据情况临时判断，做出决策及反应。NBA历史上的顶级射手斯蒂芬·库里不仅仅具备顶级的三分投射技术，其无球跑动能力同样堪称"历史顶级"。在2019年西部决赛勇士对阵开拓者的比赛中，库里在短短24秒的进攻中，移动速度达到了平均每小时10千米，跑动覆盖距离将近70米，12次改变跑动方向，然后面对三人包夹，当进攻时间仅剩2秒时，依然稳稳命中。没有超高的灵敏移动水平和炉火纯青的投射技术，是根本不可能完成这样的表现的。

四、持球移动训练

在为篮球球员设计灵敏移动练习时，应将持球移动训练充分纳入结合球类的动作模式练习，这有助于球员完善运动模式，并且更接近真实的比赛场景，具有专项针对性。在篮球运球基本功练习的基础上增加其他工具的辅助结合是非常有效的训练方式。教练可以改变训练模式和动作来增加训练难度，从而使训练更适合篮球专项运动。例如，持球移动与标志桶训练结合的训练既可以用作热身训练中使神经兴奋的手段，亦可以增加强度构成更有难度的灵敏训练。运球移动练习亦可与敏捷梯练习结合，构成难度更大的行进间步伐训练，既能够有效提高手指对球的精准掌控能力，同时保证了运球的移动性，更有效地增强了球员的本体感受能力。

第三节　篮球项目灵敏移动练习动作及进阶

一、卡里奥卡交叉步

训练目的

该训练旨在发展练习者的侧向移动速度、步法技术、下肢稳定性和动作灵敏性。

训练方法

1. 练习者以直立姿势准备。
2. 右脚跨向左腿前，左脚移向右腿后。
3. 以此方式快速交替做前交叉步和后交叉步的动作，并快速侧向移动。

提示

1. 注重脚步的节奏性和协调性，保持动作的流畅性。
2. 可以左脚开始或以右脚开始，并重复此训练。（见图3-1）

图3-1　卡里奥卡交叉步

二、横向滑步

训练目的
该训练旨在发展练习者的侧向移动能力、下肢力量和协调性。

训练方法
1. 练习者以直立姿势准备。
2. 向一侧迈出一大步；同时屈膝，将重心移到该腿上。
3. 另一条腿从原来的位置快速滑向迈出的腿，同时屈膝。
4. 保持身体稳定；再次迈出一大步，以横向滑动的方式继续侧向移动。

提示
1. 保持身体平衡、稳定；腿部的动作要协调，尽可能加大每次滑步的距离。
2. 以最快的速度完成整个训练过程。
3. 可以向左侧移动或向右侧移动的方式开始，并重复此训练。（见图3-2）

图3-2 横向滑步

三、单腿快速提膝跑

训练目的
该训练旨在发展练习者的下肢爆发力、核心稳定性和动作协调性。

训练方法
1. 练习者以直立姿势准备。
2. 一只脚的前脚掌快速蹬离地面,同侧膝盖抬起,将腿抬至腰部高度;同时,对侧手臂向前摆出,与抬起的腿做对称动作。
3. 双腿交替重复上述步骤,直至完成既定距离或规定次数。

提示
1. 保持正确的姿势和节奏,大腿不应超过水平高度。
2. 以最大力量、最快速度完成蹬地过程。(见图3-3)

图3-3 单腿快速提膝跑

四、高抬腿+冲刺

训练目的
该训练旨在结合快节奏的步频训练与加速跑,发展练习者的爆发力、速度和动作协调性。

训练方法

1.练习者以直立姿势准备。

2.向前移动,双腿膝盖和脚趾交替向上抬,踝关节保持背屈状态;双臂以对称动作用力前、后摆动。

3.以此方式行进5—10米后,躯干立即前倾,再向前冲刺5—10米。

提示

1.跑动过程中应保持核心收紧、肩部放松。

2.高抬腿时,注重腿部抬起的高度和节奏,尽量使膝盖接近胸部。

3.冲刺时强调爆发力和加速度,双脚以最快的速度离地。(见图3-4)

图3-4 高抬腿+冲刺

五、上坡加速跑

训练目的

该训练旨在发展练习者的爆发力和加速度,培养其上坡跑技巧。

训练方法

1.练习者站立于一个适度的上坡斜面准备。

2.以静止状态开始，快速将身体向前推进，持续加速上坡。

3.缓慢降低速度，回到平地或起点。

提示

1.确保选择的是合适的上坡斜度和距离，以适应自身的能力水平。

2.保持上身挺直，注重腿部的快速蹬地和身体的快速向前推进；在加速过程中保持平衡和稳定。

3.重点训练爆发力和加速度，而非长时间的持续速度。（见图3-5）

图3-5　上坡加速跑

六、阻力带冲刺

训练目的

该训练旨在发展练习者的启动爆发力，增大其步幅。

训练方法

1.练习者在腰间绑好阻力带。搭档在后方拉住阻力带末端，以提供阻力。

2.练习者向前冲刺15—20米。

提示

搭档应提供适当的阻力。（见图3-6）

图3-6　阻力带冲刺

七、双人对抗＋追逐

训练目的

该训练在搭档提供启动阻力的基础上增加了竞争元素，旨在发展练习者的竞争意识。

训练方法

1.搭档将双手放在练习者的肩上，以提供阻力。

2.进行对抗5—10米后，搭档在无提示的情况下快速以后撤步拉开距离，随后转身冲刺。

3.练习者尝试抓住搭档。

提示

练习者和搭档应时刻保持注意力集中，以迅速做出反应。（见图3-7）

图3-7 双人对抗+追逐

八、40米折返冲刺

训练目的

该训练旨在通过在短距离内进行高强度的冲刺训练，快速激活练习者的肌肉，发展其加速和短距离爆发能力。

训练方法

1.练习者以两点式在起点线处准备。

2.冲刺5米，到达第一条线，并用右手触线；立即返回至起点线，并用左手触线。

3.冲刺10米，到达第二条线，并用右手触线；返回至起点线，并用左手触线。

4.最后冲刺5米，再次到达第一条线，并用右手触线；返回至起点线。

提示

1.冲刺时强调爆发力和速度，以及正确的姿势和技术。

2.保持每次折返流畅、连贯。

3.在训练过程中注意控制呼吸和节奏，注重高抬膝盖和快速蹬地。

进阶练习

可在每一程的训练中结合不同的运动技能。（见图3-8）

图3-8　40米折返冲刺

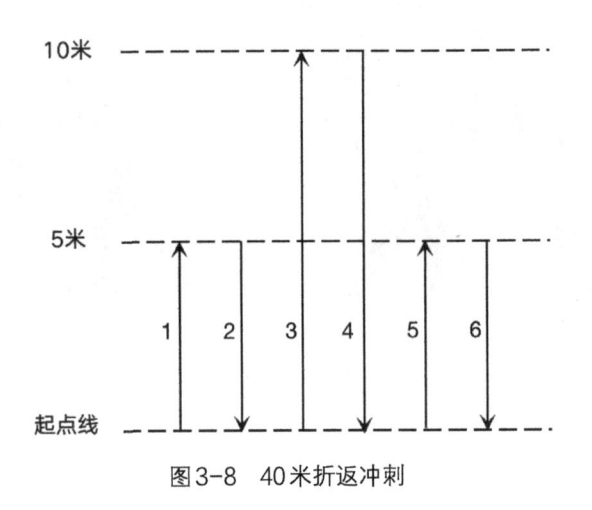

九、绳梯·偏侧进进出出

训练目的

该训练旨在发展练习者的灵敏性、平衡性、协调性和反应能力。

训练方法

1.练习者以直立姿势面向绳梯的第一方格准备。

2.左脚向前踏入第一方格；右脚迅速跟进，同样踏入第一方格。

3.左脚踏到第一方格左侧，右脚仍踏在第一方格内。

4.以此方式逐一踏入、踏出所有方格，直至完成绳梯。

提示

1.落脚应迅速，落点应清晰，且确保落点在绳梯的方格内；并快速向前移动。

2.可以左脚开始或以右脚开始，并重复此训练。

进阶练习

1.可以向后移动的方式进行此训练。

2.可结合篮球运球进行此训练。（见图3-9）

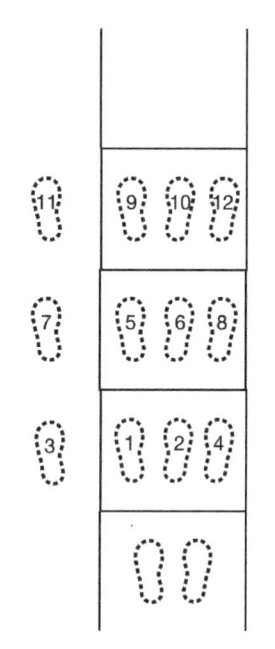

图 3-9　绳梯·偏侧进进出出

十、绳梯·马蹄步

训练目的
该训练旨在发展练习者的协调性、灵活性和速度控制能力。

训练方法
1. 练习者以直立姿势在绳梯起点右侧准备。
2. 左脚踏入第一方格；右脚跟进，同样踏入第一方格。
3. 左脚踏出第一方格，落在第一方格左侧。
4. 右脚踏入第二方格；左脚跟进，同样踏入第二方格。
5. 右脚踏到第二方格右侧。
6. 以此方式逐一踏入、踏出所有方格，直至完成绳梯。

提示

训练过程中应注意掌握脚步节奏，落点要清晰。

进阶练习

可以向后移动的方式进行此训练。（见图3-10）

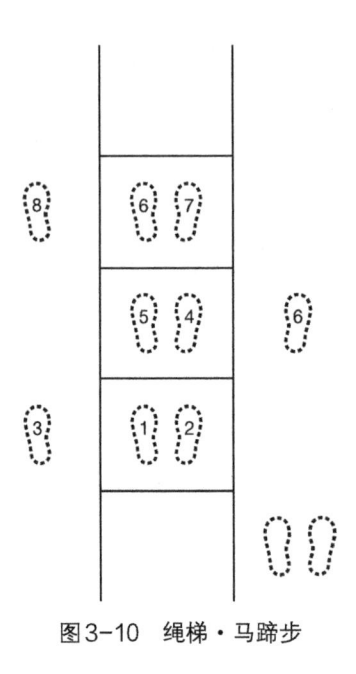

图3-10 绳梯·马蹄步

十一、绳梯·左右跳

训练目的

该训练旨在发展练习者的协调性、灵活性和平衡能力。

训练方法

1.练习者以直立姿势，双脚分别位于绳梯的左侧带两侧准备。

2.双脚跳起后迅速跨过绳梯的侧带，左脚踏入第一方格，右脚在外。

3.再次跳起后跨过绳梯的另一侧侧带，右脚落入第二方格，左脚在外。

4.以此方式反复跨越绳梯的侧带，直至完成绳梯。

提示

1.训练过程中保持身体挺直、平衡、稳定，双脚准确地落在方格内外。

2.注重跳起和落地的节奏，尽量保持动作的连贯性。

进阶练习

1.可以向后移动的方式进行此训练。

2.可以单脚的方式进行此训练。（见图3-11）

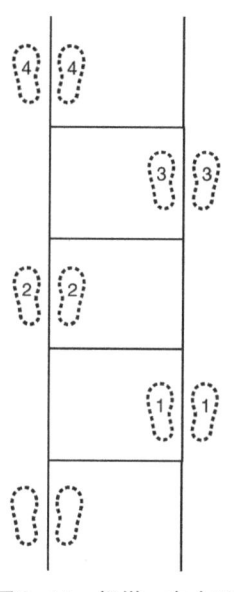

图3-11　绳梯·左右跳

十二、绳梯·转髋跳

训练目的

该训练旨在发展练习者的下肢力量、协调性和敏捷性，以及髋关节的旋转能力。

训练方法

1. 练习者以直立姿势面向绳梯起点准备。
2. 双脚跳起，同时转髋90度，踏入第一方格。
3. 双脚再次跳起，同时转髋180度朝向另一侧，踏入第二方格。
4. 以此方式继续行进，左、右交替转髋，直至完成绳梯。

提示

1. 保持身体平衡、稳定，双脚准确地落在方格内。
2. 保持髋关节灵活转动。（见图3-12）

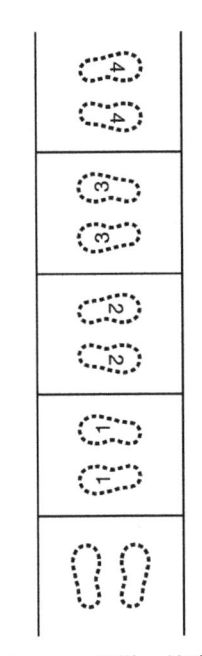

图3-12 绳梯·转髋跳

十三、绳梯·同侧脚前后交叉步

训练目的

该训练旨在发展练习者的脚步协调性，以及外展肌群和内收肌群的柔韧性。

训练方法

1. 练习者以直立姿势在绳梯起点右侧准备。
2. 右脚向左前方迈出一步，与左脚交叉，踏入第一方格。
3. 左脚横向移动至第一方格外侧，右脚跟进。
4. 右脚向右前方迈出一步，踏入第二方格。
5. 左脚向右前方移动至第二方格外侧，与右脚交叉，右脚跟进。
6. 以此方式逐一踏入、踏出所有方格，直至完成绳梯。

提示

1. 训练过程中应注意掌握脚步节奏，落点要清晰。
2. 可以左侧开始或以右侧开始，并重复此训练。（见图3-13）

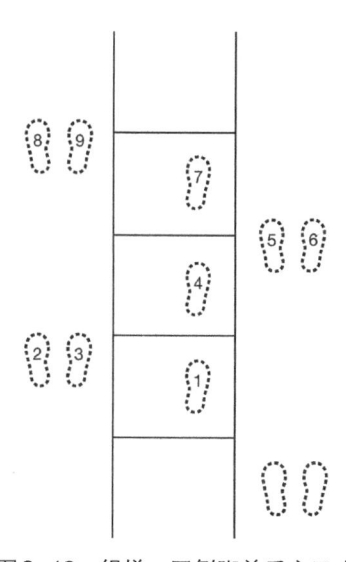

图3-13 绳梯·同侧脚前后交叉步

十四、绳梯·双脚跳＋触地

训练目的
该训练旨在发展练习者的侧向移动能力、身体姿势控制能力和全身协调性。

训练方法
1. 练习者以直立姿势面向绳梯起点准备。
2. 双脚向左前方跳起,右脚踏入第一方格,左脚在外。
3. 弯腰,用左手触摸右脚前的地面。
4. 以同样的方式向右前方跳跃,完成第二方格。
5. 以此方式逐一踏入、踏出所有方格,直至完成绳梯。

提示
快速完成整个训练过程。

进阶练习
可以倒退的方式进行此训练。(见图3-14)

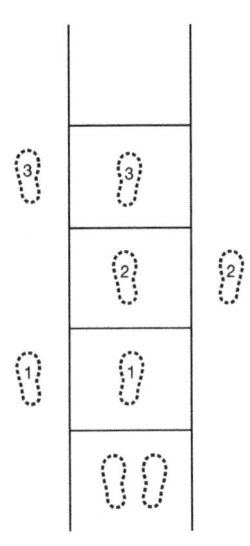

图3-14 绳梯·双脚跳＋触地

十五、标志桶·"8"字形灵敏跑

训练目的
该训练旨在发展练习者的灵敏性、加速度和转向能力。

训练方法
1. 将两个标志桶平行摆放在相距5—10米的位置。练习者以两点式在中间准备。
2. 开始跑动,绕过第一个标志桶,随后向外侧跑动至第二个标志桶。
3. 以相同的方式绕过第二个标志桶。
4. 以此方式快速在两个标志桶之间进行"8"字形的跑动。

提示
保持身体平衡、稳定;灵活地调整步法,并转向。

进阶练习
1. 可在快速转弯变向时拍打标志桶顶端。
2. 可更改标志桶之间的距离。
3. 可以不同的起始姿势(如仰卧、四点支撑等)进行练习;或结合专项进行练习,如运单只篮球"8"字形行进、双手运球"8"字形行进。(见图3-15)

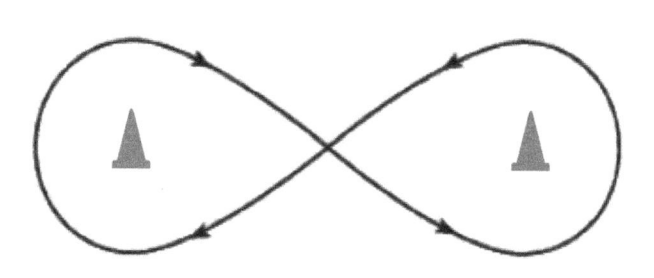

图3-15 标志桶·"8"字形灵敏跑

十六、标志桶·"H"形灵敏跑

训练目的
该训练旨在发展练习者的迅速变向，以及步法或运动技能转换能力。

训练方法
1. 将6个标志桶编号为1—6，左侧为1号、2号、3号标志桶，右侧为4号、5号、6号标志桶，每个标志桶之间的距离为5米。
2. 练习者以两点式在1号标志桶位置准备。
3. 冲刺至2号标志桶。
4. 后撤步返回至1号标志桶。
5. 向右侧滑步至3号标志桶。
6. 冲刺至4号标志桶。
7. 后撤步至5号标志桶。
8. 冲刺返回至3号标志桶。
9. 向左侧滑步，返回至1号标志桶。
10. 后撤步至6号标志桶，完成此训练。

提示
1. 冲刺时强调爆发力和速度，以及不同步法正确的姿势和技术。
2. 尽可能缩短步法转换的时间，保持流畅、连贯。

进阶练习
1. 采用各种移动方式和步法进行此训练。
2. 结合专项，如加入运球等技能进行此训练。（见图3-16）

图3-16 标志桶·"H"形灵敏跑

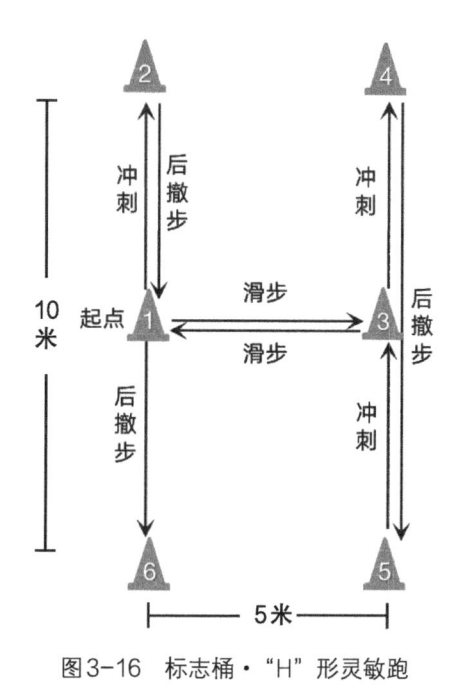

十七、标志桶·"之"字形斜向后撤步

训练目的
该训练旨在发展练习者的协调性,提高其步法速度。
训练方法
1.将10个标志桶横向摆放成一排,每个标志桶之间的距离为1米。
2.练习者以两点式在第一个标志桶侧面背向准备。
3.左、右脚交替向斜后方后撤步,依次绕过每个标志桶,完成此训练。
提示
保持整个训练过程流畅、连贯,以最短时间完成。
进阶练习
可以侧向移动的方式进行此训练。(见图3-17)

图3-17 标志桶·"之"字形斜向后撤步

十八、标志桶·"之"字形交叉步后退

训练目的
该训练旨在发展练习者的变向能力、协调性和脚步反应能力。

训练方法
1.将10个标志桶横向摆放成一排，每个标志桶之间的距离为1米。
2.练习者以两点式在第一个标志桶侧面背向准备。
3.左、右脚以交叉步向斜后方依次绕过每个标志桶，完成此训练。

提示
保持整个训练过程流畅、连贯，以最短时间完成。（见图3-18）

图3-18 标志桶·"之"字形交叉步后退

十九、标志桶·24米长方形练习

训练目的
该训练旨在发展练习者的变向和调整身体姿势能力，以及技能之间转换和切入能力。

训练方法

1.练习者以两点式在1号标志桶位置准备,向前冲刺8米,到达2号标志桶。

2.以右肩为轴,向后转身180度,向左侧滑步4米,到达3号标志桶。

3.在3号标志桶位置冲刺至4号标志桶;随后在4号标志桶位置向后转身180度,滑步至1号标志桶。

提示

1.保持整个训练过程流畅、连贯,以最短时间完成。

2.转弯时,以内侧手触地。

进阶练习

1.以不同的姿势(如坐姿、仰卧、四点姿势)启动。

2.针对不同的球员位置类型和能量系统需求,将标志桶之间的距离调整为适当的距离。(见图3-19)

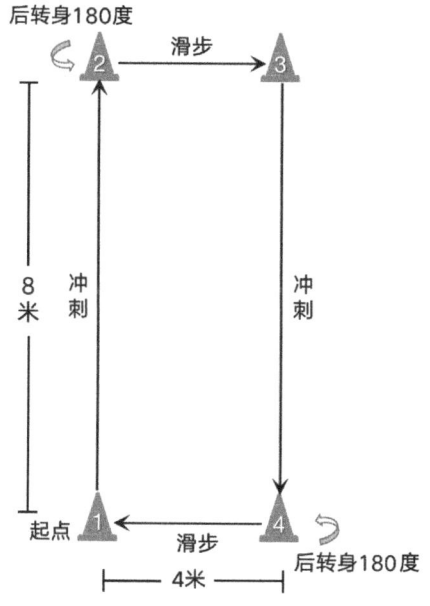

图3-19 标志桶·24米长方形练习

二十、对抗控制练习

训练目的

该训练旨在发展练习者的动作灵敏性,以及解读对手动作模式并做出反应的能力。

训练方法

1.将4个标志桶摆放成边长为15米的正方形。1号练习者站在正方形一条边两个标志桶的中间位置准备,2号练习者站在对面一条边两个标志桶的中间位置准备。

2.训练开始后,2号练习者尝试突破1号练习者的防守尽快到达终点线,1号练习者则尽力防守2号练习者,使之无法到达。

提示

1.避免过度争抢和受伤。

2.可将每组训练时长限定在10秒之内,组间间歇时长为30—60秒。(见图3-20)

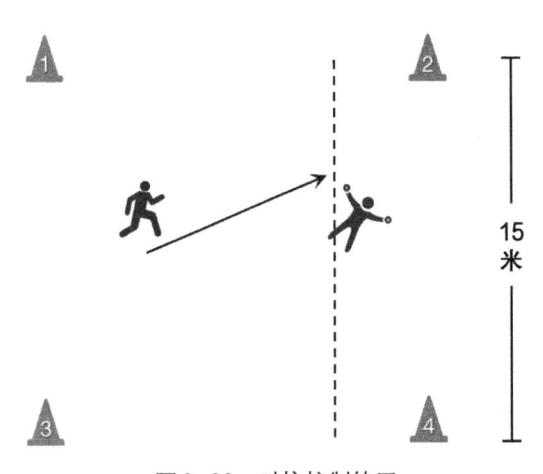

图3-20 对抗控制练习

二十一、标志桶·并步绕行+一步助跑纵跳

训练目的

该训练旨在发展练习者的脚步灵活性,下肢平衡、稳定性,以及衔接助跑纵跳能力。

训练方法

1.将6—8个标志桶横向摆放成一排,每个标志桶之间的距离为1.2—1.5米。

2.练习者位于标志桶侧后方,以并步的移动方式依次横向绕过每个标志桶。

3.在绕过最后一个标志桶时向前迈出一大步并全力纵跳,双手摸高。

提示

1.保持整个训练过程流畅、连贯,以最短时间完成。

2.助跑纵跳时应全力起跳,尽可能跳得更高。(见图3-21)

图3-21 标志桶·并步绕行+一步助跑纵跳

二十二、标志盘·前后开合跳

训练目的
该训练旨在发展练习者的身体控制能力和在跳跃时的前、后位移能力。

训练方法
1.将5个标志盘编号为1—5，摆放成"X"形，中间为1号，左上角为2号，右上角为3号，左下角为4号，右下角为5号；2号、3号、4号、5号标志盘之间的距离为1米。

2.练习者一只脚在4号标志盘位置，另一只脚在5号标志盘位置，面向1号标志盘准备。

3.双脚跳起，并落在1号标志盘位置；再次跳起，并落在2号、3号标志盘位置。

4.以此方式向后跳跃返回，重复至既定次数。

提示
变向时及时调整身体重心，强调短触地时长，保持动作的流畅性。（见图3-22）

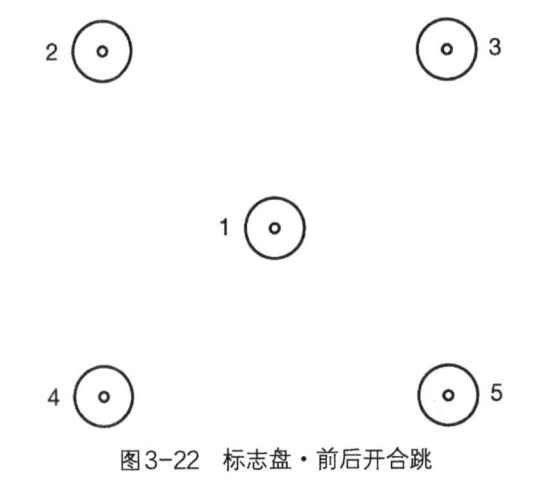

图3-22 标志盘·前后开合跳

二十三、障碍物·变向练习

训练目的

该训练旨在发展练习者的连续变向能力,提高其横向、纵向移动切换速度。

训练方法

1.练习者以两点式在障碍物一端外侧准备;纵向冲刺,到达该障碍物侧前方。

2.爆发式侧滑步,横向绕过第一个障碍物,在到达第二个障碍物时转身纵向冲刺至第二个障碍物侧后方。

3.重复上述步骤(冲刺+滑步转身),直至冲过最后一个障碍物。

提示

尽可能保持身体重心稳定,不能有过大的起伏;保持动作的流畅性。(见图3-23)

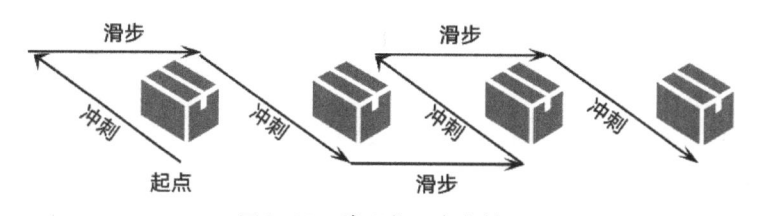

图3-23 障碍物·变向练习

二十四、栏架跳箱组合·"L"形双脚跳+弓步提膝跳箱

训练目的

该训练旨在发展练习者连续跳跃中变向和调整身体姿势的能力。

训练方法

1.将2个栏架摆放成"L"形,并在其斜前方摆放一个跳箱。

2.练习者双脚开立,与肩同宽,双臂在身体两侧,屈髋、屈膝在横向栏架后准备。

3.双脚跳起，依次跃过所有栏架。

4.以弓步提膝蹬踏上跳箱。

提示

1.保持组合练习的转换过程连贯、流畅。

2.上跳箱时以最大爆发力蹬踏，并保持身体平衡。（见图3-24）

图3-24 栏架跳箱组合·"L"形双脚跳+弓步提膝跳箱

二十五、实心球·滑步传球

训练目的

该训练旨在发展练习者全身爆发力的传导，以及结合下肢移动的能力。

训练方法

1.练习者面向墙壁，双脚开立，与肩同宽，屈髋、屈膝；双手在胸前持实心球准备。

2.向一侧滑步后，爆发式将实心球推向墙壁。

3.反弹后接球，返回起始姿势。

提示

1.可以两侧交替滑步的方式进行此训练。

2.抛球时保持核心收紧，传导至手臂最大爆发力。

进阶练习

可以单臂进行此训练。（见图3-25）

图3-25　实心球·滑步传球

二十六、实心球·双人抛球+俯卧撑

训练目的

该训练旨在提高练习者上肢推起肌肉群的反应速度。

训练方法

1.练习者双手在胸前持实心球与搭档面对面，两人以跪姿直立准备。

2.练习者将实心球向前抛给搭档，随后身体迅速下落，完成一次俯卧撑。

3.将身体向上推起，返回至起始姿势。同时搭档回传实心球。

提示

1.尽可能快速地完成动作过程，注意抛接球时机。

2.时刻关注实心球的位置，以准确地完成此训练。（见图3-26）

图3-26 实心球·双人抛球+俯卧撑

二十七、实心球·侧推球

训练目的

该训练旨在发展练习者的旋转爆发力和变向能力。

训练方法

1.练习者面向墙壁，双脚开立，与肩同宽，屈髋、屈膝；双手在身体一侧持实心球准备。

2.身体向墙壁旋转，爆发式将实心球推向墙壁。

3.反弹后接球，转向对侧，返回起始姿势。

4.重复上述步骤，完成此训练。

提示

1. 旋转抛球时保持核心收紧，传导至手臂最大爆发力。
2. 可侧向对墙壁进行此训练。（见图 3-27）

图 3-27　实心球·侧推球

二十八、镜像练习

训练目的

该训练旨在提高练习者的反应速度，发展其移动时动作的灵敏性。

训练方法

1. 练习者与搭档面对面，以直立姿势准备。
2. 练习者做出任意动作。
3. 搭档迅速反应，并做出相同动作。

提示

1. 教练在训练过程中可随机发出指令，使两人交换角色。
2. 练习者和搭档应时刻保持注意力集中，以迅速做出反应。

进阶练习

可结合篮球专项（如进攻、防守）进行此训练。（见图 3-28）

图3-28 镜像练习

二十九、实心球·横向滑步+传球

训练目的
该训练旨在提高练习者的反应速度,增强其弹性力量。

训练方法
1.练习者双手在胸前持实心球,与搭档面对面准备。
2.横向滑步并交替传接球。

提示
1.尽可能加快移动速度,并准确地完成传接。
2.可以交叉步的方式进行此训练。

进阶练习
1.可在训练过程中随机转换移动方向或改变间距。
2.可以单手传接球的方式进行此训练。(见图3-29)

图3-29　实心球·横向滑步+传球

三十、实心球·引导移动+传球

训练目的

该训练旨在提高练习者的反应速度，增强其弹性力量。

训练方法

1.练习者双手在胸前持实心球，与搭档面对面准备，间距中间点为圆心。

2.两人绕圆心跑动，并交替传接球。

提示

1.练习者与搭档始终保持与圆心相等的间距，尽可能加快移动速度，并准确地完成传接。

2.可以横向滑步、交叉步等方式进行此训练。

进阶练习

1.可在训练过程中随机转换移动方向或改变间距。

2.可以单手传接球的方式进行此训练。（见图3-30）

图 3-30　实心球·引导移动+传球

三十一、实心球·上抛接球

训练目的

该训练旨在发展练习者的迅速反应力量、弹性力量和全身爆发力。

训练方法

1.练习者双脚开立，与肩同宽，屈髋、屈膝；双手在胸前持实心球准备。

2.爆发式迅速向前上方抛出实心球。

3.向前跑动并接球，返回起始姿势。

4.重复上述步骤，完成此训练。

提示

1.始终保持身体挺直；抛球时双脚蹬地，核心收紧，传导至手臂最大爆发力。

2.关注实心球落点,准确地完成接球,避免球落地。(见图3-31)

图3-31 实心球·上抛接球

第四章

足球项目的灵敏移动练习方法

第一节 足球运动的项目特征

足球运动是一项集身体素质、技术、战术、组织等多方面要素于一体，以球门为目的地，通过在矩形球场上多次传接球、进攻射门、防守抢断等技术手段，以攻防转换的动作来实现得分，从而决定胜负的运动。作为一项多人团队运动，球员在比赛场上的位置和任务是灵活多变的，需要根据比赛的实际情况迅速做出决策，调整阵形和战术策略。

一、灵敏素质需求

考虑到足球球员在场上进行多方向移动的数量可达无数次，灵敏素质成了影响足球球员效率的核心要素。灵敏素质训练能够显著提高足球球员的竞技表现，使球员在各方面都有所改善。而发展足球球员的灵敏素质的关键因素在于针对专项运动的具体情境。足球运动中的速度需求并不限于直线和曲线上的速度，同样也涉及多方向移动，球员的变向能力、加速度能力至关重要。有效的比赛速度包括最佳速度构成，最佳速度不单以最大速度来衡量，还包括准确性、控制力、效率等。这些因素在足球运动中非常重要，因为足球比赛需要持续90分钟，比赛的最终目的是展现足球技巧，获得胜利，而不是简单地以最快的速度移动。尽管最大速度是一个重要的变量，但球员基于出色的灵敏素质的专项运动能力对于足球竞技表现的最大化更重要。

足球比赛中的速度和灵敏性是依据赛场上的实际情况而定的，教练必须分解比赛的目标需求，并制订行之有效的计划。作为一种典型的间歇性高强度运动项目，球员在一场比赛中需要做出1200—1400次的变向动作。另外，这些变向运动在速度、方向、范围上都有所不同，而且球员每隔2—4秒就要改变一次方向，平均每30秒便进行一次冲刺，通常覆盖距离为5—15米。球员在一场比赛中大部分时间都处在低速运动与高速运动的转换过程中，涉及向前、后及后侧面的多方向移动。在设计足球球员的灵敏训练计划时，应充分考虑直线加速与多方向位移的穿插结合。一项法甲职业俱乐部的男子精英球员参与的神经肌肉训练干预研究结果表明，变向速度训练、增强式训练与动态稳定性训练结合的训练干预有效提高了足球球员的灵敏素质。

二、球场位置

在足球比赛中，不同位置的球员的跑动总距离、冲刺速度各不相同。例如，对守门员在比赛中的移动要求与中场球员不同，而前锋、中锋、后卫在比赛中的跑动类型、距离也不尽相同。一项对澳大利亚足球联盟的比赛研究表明，中场球员在一场比赛中的跑动距离是最长的，达12千米甚至更长，前锋和后卫的跑动距离则略少于12千米，且中场球员参与高强度冲刺（速度大于4.4米/秒）的时长和次数也更多，每场比赛约98次。而前锋尽管中高强度冲刺少于中场，其最高冲刺强度却是所有位置中最大的。另一项研究表明，前锋在比赛中可能达到更高的绝对最高速度，例如，前锋和中场分别为27.0±2.6千米/时和23.6±2.2千米/时，比其他位置都要快。这些不同位置上表现特征的区别可为安排足球运动的团队阵形时或适宜的体能训练提供参考。

三、性别

一项对女子足球球员的运动模式的评估表明，她们每场比赛的跑动距离可达9.1—11.9千米。这些跑动不仅包括次最大有氧运动，还包括冲刺和跳跃。对这些跑动的进一步研究表明，一名女子足球球员每场比赛将参与平均250次的激烈的无氧运动，其中包括39%的重复冲刺，球员大约每90秒就需要进行2—4秒的冲刺。在这些冲刺中，速度是成功的关键，它决定了球员能否获得控球权、射门得分或防守球门。另一项研究显示，一名女子足球球员在每场比赛中将冲刺共1025米（约0.6英里），其中还涉及111次带球活动及90—100次变向运动。因此，在足球运动中，球员的膝关节损伤是最为常见的损伤类型，尤其是前交叉韧带损伤。研究表明，女子足球球员前交叉韧带损伤风险高达男子球员的10倍。在设计训练计划时，应注重加强女子的下肢力量，尤其是腘绳肌力量，以尽可能降低损伤风险。

四、年龄

不同年龄段足球球员的速度与灵敏素质有一定的差异。研究表明，变向速度训练对改善青少年足球球员的平衡、水平跳跃、无球变向能力有良好的效果，在设计灵敏训练计划时，应考虑到球员的年龄状况和成熟水平。对不同年龄组（U15、U17、U20到大龄组）精英足球球员的测试研究结果表明，垂直纵跳和20米冲刺速度随年龄的增加而增加，但U15年龄组5米冲刺的速度和加速度优于其他年龄组，变向速度和变向赤字（即5-0-5变向测试时长与10米冲刺时长的差值）则也均随年龄增长而下降。该研究认为，足球球员在年龄增长过程中，不应仅关注直线冲刺速度，还需加强变向速度，提高多方向位移能力。

第二节　足球运动的动作特征

足球运动的技术动作十分复杂、多变，球员需要掌握传球、盘带、射门、头球、抢断、防守等各种技术动作，以及各项技能的使用方法，才能在比赛中发挥出最佳水平。而在身体素质方面，足球球员需要具备高水平的耐力、速度、灵敏性、力量和协调性。

一、盘带

盘带指球员在控球的同时，用脚、大腿等部位触地，保持对球的控制并移动身体，以完成在狭小空间内对抗的技术动作。盘带是足球运动中的一项基本技术，是在比赛的攻防转换中保持控球优势和突破对方防线的重要技术手段之一。成功的盘带需要球员具备良好的技术水平和卓越的运动能力。从技术方面来说，盘带要求球员在控球的同时，能够灵活地运用各种盘带技巧，如单脚内侧和外侧脚背的盘带、双脚内侧和外侧脚背的盘带、单脚后面的盘带、身体侧身盘带等，通过改变自己身体的姿势来干扰对手的防守节奏，保持球的控制权和自身平衡点的稳定。除了高超的技术、技巧，盘带还涉及球员的生理素质。因为盘带需要球员具备很快的反应速度，以及身体平衡、重心控制和多方位移动能力，球员需要在训练中加强这些方面的训练，如迅速而准确地改变自己的动作、加速和减速、各种步法的使用、身体的控制等。这些训练不仅可以帮助球员更好地掌握盘带技术，而且可以提高球员在比赛中的反应能力和协调能力，从而更好地适应比赛的需要，同时也有效地降低了运动损伤的风险。

二、射门

射门指进攻方球员将球射向对方球门的过程，是足球比赛中赢得比赛最为关键的技术。射门分为常规射门和特殊射门两种类型，其关键在于射门的精准性、力度、速度、角度等方面。

常规射门指球员在面对对方球门时，用足部力量将球射向对方球门的进攻方式。常规射门所需的技术包括推射、扫射、切射、挑射等，而进行常规射门的关键在于精准度和对力量的掌握。球员需要在合适的时机和角度，以精准的角度和适度的力量将足球射向对方球门的死角，以赢得进球的机会。在进行常规射门时，球员需要根据实际情况灵活选择射门方式，并在积极传接球的同时抓住射门机会。同时，在射门时，球员需要做到对力度和速度的精准控制，以及射门的方向和脚步的协调。这涉及对足球球员的身体素质和技术水平的要求，球员需要接受训练和练习，以熟练掌握多种普通射门技巧，提高进攻效率。

头球射门则指球员在比赛中配合队友使用头部将球射向对方球门的方式，也是高水平足球比赛中常见的进攻方式。头球射门有多种方式：前拉式头球、侧身式头球、后撤式头球、插头式头球等。高质量的头球射门所需的技能包括对适宜力量的掌握、对高度的控制、跳跃的协调配合、对身体和足球姿势的调整和适应。在空间方面，球员需要考虑到自己与对方球员的身高差距和站位，在角度、力度、时机、位置等方面都需要精准掌握，以实现最高效的进攻。

三、防守

在足球比赛中，防守不仅是足球比赛中非常重要的战术，而且是赢得比赛的关键。在足球防守中，每个球员都需要明确自己的防守任务和责任，合理运用身体素质，采取不同的防守战术综合应对对方的进攻。足球防守主要分为个人防守和集体防守两种。个人防守指球员在比赛中独自完成对对方球员的防守。个人防守中，球员需要在掌握了对方球员的技术特长、身体素质和能力水平的基础上进行认真的分析和观察，在正确的时机使用抢断、盯人、拦截、阻挡等方式进行防守。个人防守还需要球员具备较强的身体素质和球感，以较好地控制自己的身体节奏和场上位置。如果个人防守做得好，可以有效地削弱对方的进攻能力，降低丢球的概率。集体防守指球队在比赛中采取统一的防守策略，协同作战，多个球员需要密切配合，进行分工合作，来阻拦对方进球。防守球队需要根据对方球队的技战术特点、人员配置、场上位置、队形等进行综合考虑，制定出适合自己的队伍的防守战术策略，在场上严格执行，使对方难以进攻。常见的集体防守战术包括围堵防守、区域防守、盯人防守等。

第三节　足球项目灵敏移动练习动作及进阶

一、剪刀步

训练目的
该训练旨在发展练习者的下肢平衡性和协调性。
训练方法
1.练习者双脚开立，横跨在20米线两侧准备。
2.双脚快速跳起，在空中前后交叉后落地。
3.再次快速跳起，在空中前后交叉后落地。
4.以此方式沿标志线跳跃；到达终点时迅速转身，调转方向，跳跃回起点。
提示
1.双脚交叉时之间的距离不宜过大。
2.以最快的速度完成整个训练过程。
进阶练习
可以倒退的方式进行此训练。（见图4-1）

图 4-1　剪刀步

二、后踢腿跑

训练目的

该训练旨在提高练习者的脚步速度。

训练方法

1. 练习者以两点式准备。

2. 从慢跑开始，小腿上抬，将脚后跟拉至臀肌处，膝盖向前、向上抬起，双臂交替摆动。

3. 双腿交替重复上述步骤，直至完成既定距离。

提示

小腿上抬时，膝盖应向前、向上。（见图4-2）

图4-2　后踢腿跑

三、直腿跳

训练目的

该训练旨在增强练习者髋关节的力量和踝关节的弹力，增大其步幅。

训练方法

1. 练习者以两点式准备。

2. 向前跑动，双腿伸直，交替跳起，在空中做足背屈；双臂用力前、后摆动。

3. 以此方式行进，直至完成既定距离。

提示

1. 可以前脚掌快速接触地面，并向前弹起。

2. 身体保持直立，不要向后倾。（见图4-3）

图4-3　直腿跳

四、后蹬跑+冲刺

训练目的

该训练旨在发展练习者蹬地后衔接加速冲刺的能力。

训练方法

1. 练习者以直立姿势准备。

2. 一条腿向前方迈出,用力蹬地后带动身体向前冲出;另一条腿向后方伸直。

3. 以此方式,双腿交替行进10米后躯干前倾,立即快速冲刺20米。

提示

充分伸展髋、膝、踝关节,双腿用力向后方蹬伸。(见图4-4)

图4-4 后蹬跑+冲刺

五、阻力带冲刺+释放

训练目的

该训练旨在提高练习者的转换速度和加速的步频。

训练方法

1.练习者在腰间绑好阻力带（或子弹腰带）。搭档在后方拉住阻力带末端，以提供阻力。

2.练习者向前冲刺一段距离后，搭档释放阻力带，使练习者继续加速。

提示

1.搭档应注意提供适当的阻力，并在释放阻力带时确保双方安全。

2.可在不同的距离释放阻力带。（见图4-5）

图4-5　阻力带冲刺+释放

六、重复冲刺跑+小碎步制动

训练目的

该训练旨在发展练习者在直线上迅速启动和制动的能力。

训练方法

1.练习者以两点式准备。

2.启动加速，前脚掌快速蹬地，同时快速摆臂。

3.冲刺约10米后迅速减速制动，转换为原地小碎步；前脚掌着地，缓冲减速。

提示

1. 双臂积极摆动的频率尽可能高。

2. 每组练习可进行3次启动加速+3次制动。（见图4-6）

图4-6 重复冲刺跑+小碎步制动

七、60米折返冲刺

训练目的

该训练旨在发展练习者的爆发力、速度和耐力，以及身体的整体协调性和动作灵敏性。

训练方法

1. 练习者以两点式在起点线处准备。

2. 冲刺5米，到达第一条线，并用任意一只手触线，立即返回至起点线。

3. 冲刺10米，到达第二条线，并用任意一只手触线，返回至起点线。

4. 冲刺15米，到达第三条线，并用任意一只手触线，返回至起点线。

提示

1. 冲刺时强调爆发力和速度，以及正确的姿势和技术。

2.保持每次折返流畅、连贯。

3.在训练过程中注意控制呼吸和节奏，强调高抬膝盖和迅速蹬地。（见图4-7）

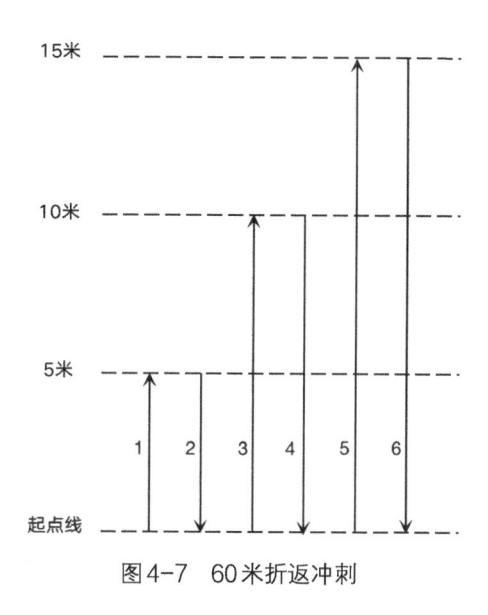

图4-7　60米折返冲刺

八、100米直线往返

训练目的

该训练旨在发展练习者长距离变向、步法和在反应时间上的能力。

训练方法

1.练习者以两点式在起点线处准备。

2.冲刺5米，用右手触线；返回至起点线，并用左手触线。

3.冲刺10米，用右手触线；返回至起点线，并用左手触线。

4.冲刺15米，用右手触线；返回至起点线，并用左手触线。

5.冲刺20米，用右手触线；返回至起点线，并用左手触线。

提示

1.冲刺时强调爆发力和速度,以及正确的姿势和技术。

2.保持每次折返流畅、连贯。

3.在训练过程中注意控制呼吸和节奏,强调高抬膝盖和迅速蹬地。(见图4-8)

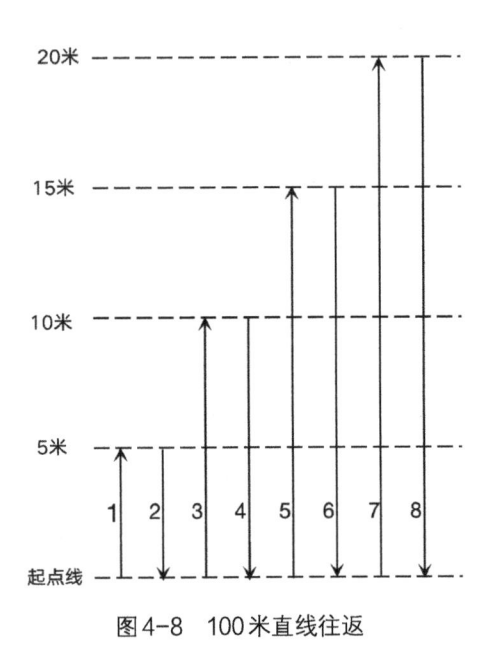

图4-8 100米直线往返

九、绳梯·快速垫步跑(单脚垫格)

训练目的

该训练旨在发展练习者的协调性、灵活性和速度控制能力。

训练方法

1.练习者以直立姿势面向绳梯起点准备。

2.以右脚开始为例,重心前移。右脚迅速踏入第一方格踩一次;左脚迅速跟进,踏入第二方格踩一次。

3.双脚交替，呈小步跑状态快速通过绳梯。
提示
1.落脚应迅速，落点应清晰，且确保落点在绳梯的方格内。
2.可以左脚开始或以右脚开始。
进阶练习
可以高抬腿的方式跑动，并重复此训练。（见图4-9）

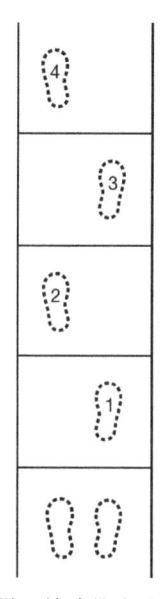

图4-9 绳梯·快速垫步跑（单脚垫格）

十、绳梯·快速垫步跑（双脚垫格）

训练目的
该训练旨在提高练习者的步伐频率，发展其协调性和速度控制能力。
训练方法
1.练习者以直立姿势面向绳梯起点准备。
2.以右脚开始为例，重心前移。右脚迅速踏入第一方格踩一次；左脚迅速跟进，同样踏入第一方格。即每个方格踩两次。

3.以此方式继续行进，直至完成绳梯。

提示

1.落脚应迅速，落点应清晰，且确保落点在绳梯的方格内。

2.可以左脚开始或以右脚开始。

进阶练习

可以高抬腿的方式跑动，并重复此训练。（见图4-10）

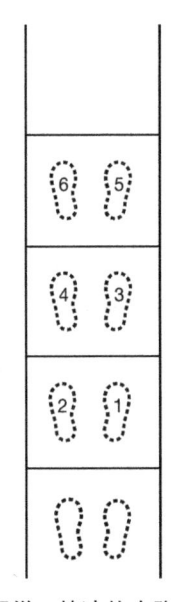

图4-10 绳梯·快速垫步跑（双脚垫格）

十一、绳梯·跳房子

训练目的

该训练旨在发展练习者的爆发力、协调性和空间感知能力。

训练方法

1.练习者以直立姿势面向绳梯起点准备。

2.双脚跳起，右脚落在第一方格内；立即跳起，双脚落在第一方格外。

3.以左脚落地的方式重复上述步骤。

4.以此方式继续行进，直至完成绳梯。

提示

右、左脚依次交替落在方格内。（见图4-11）

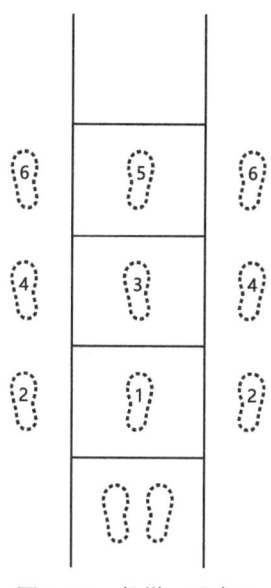

图4-11　绳梯·跳房子

十二、绳梯·侧向转髋跳

训练目的

该训练旨在发展练习者的下肢灵敏性、平衡性、协调性，以及髋关节灵活性。

训练方法

1.练习者以直立姿势面向绳梯的第一方格准备。

2.双脚向前跳起,同时转髋约90度,落在第一方格内。

3.向后跳起,回转髋至起始位置,落在第一方格外。

4.以此方式逐一踏入、踏出所有方格,转髋时左、右交替,直至完成绳梯。

提示

1.保持身体的平衡性和稳定性,双脚准确地落入方格内外。

2.保持髋关节灵活转动。(见图4-12)

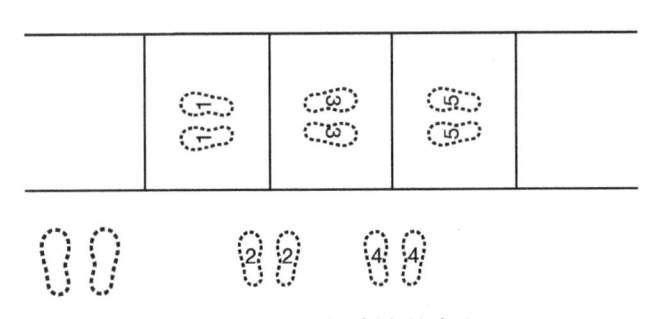

图4-12 绳梯·侧向转髋跳

十三、绳梯·后交叉滑步

训练目的

该训练旨在发展练习者的步法、髋关节水平旋转灵活性,以及变向能力。

训练方法

1.练习者以直立姿势在绳梯起点左侧准备。

2.左脚向斜前方迈出一步,从右脚前方与右脚交叉,踏入第一方格。

3.右脚横向移动至第一方格外,左脚跟随。

4.左、右脚交替重复上述步骤继续行进,直至完成绳梯。

提示

训练过程中应注意掌握脚步节奏,落点应清晰。

进阶练习

以向后移动的方式进行此训练。(见图4-13)

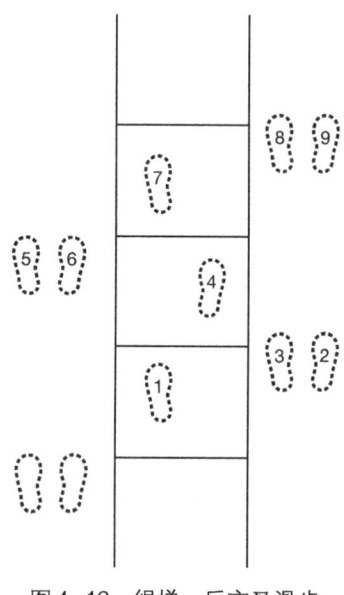

图 4-13　绳梯·后交叉滑步

十四、标志桶·40米正方形卡里奥卡灵敏跑

训练目的

该训练旨在发展练习者的迅速变向和步法能力,以及臀部肌群灵活性。

训练方法

1.将4个标志桶摆放成边长为10米的正方形。

2.练习者以两点式在起点准备。

3.向前冲刺10米至前方标志桶。

4.以卡里奥卡交叉步向右侧快速移动10米至下一个标志桶。

5.倒退跑10米至背后的标志桶。

6.以卡里奥卡交叉步向左侧快速移动10米,返回至起点。

提示

1.可选择不同的标志桶作为起点，重复此训练。

2.尽可能缩短步法转换的时间，保持流畅、连贯。（见图4-14）

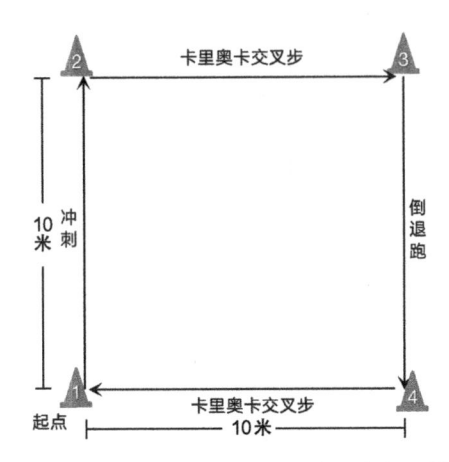

图4-14 标志桶·40米正方形卡里奥卡灵敏跑

十五、标志桶·"X"形后撤步冲刺

训练目的

该训练旨在发展练习者的后快速变向和步法转换能力。

训练方法

1.将4个标志桶编号为1、2、3、4，摆放成边长为10米的正方形。

2.练习者以两点式在1号标志桶位置准备。

3.后撤步10米至2号标志桶。

4.斜对角线冲刺至3号标志桶。

5.后撤步10米至4号标志桶。

6.斜对角线冲刺，返回至1号标志桶，完成此训练。

提示

1.冲刺时强调爆发力和速度，以及不同步法正确的姿势和技术。

2.尽可能缩短步法转换的时间，保持流畅、连贯。(见图4-15)

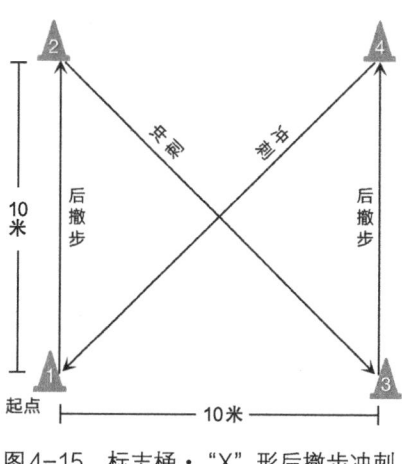

图4-15 标志桶·"X"形后撤步冲刺

十六、标志桶·"A"形混合灵敏跑

训练目的
该训练旨在发展练习者的快速变向和多种步法转换能力。

训练方法
1.将5个标志桶编号为1—5，摆放成"A"形，4号标志桶为顶点，2号、3号标志桶为第一排（间距5米），1号、5号标志桶为第二排（间距10米），两排标志桶相距5米。

2.练习者以两点式在1号标志桶位置准备。

3.冲刺至2号标志桶。

4.向右侧滑步至3号标志桶；随后向左侧滑步，返回至2号标志桶。

5.冲刺至4号标志桶。

6.倒退跑至3号标志桶，转身向5号标志桶冲刺，完成此训练。

提示
1.冲刺时强调爆发力和速度，以及不同步法正确的姿势和技术。

2.尽可能缩短步法转换的时间，保持流畅、连贯。

进阶练习

可以各种移动方式、步法或反向路线进行此训练。（见图4-16）

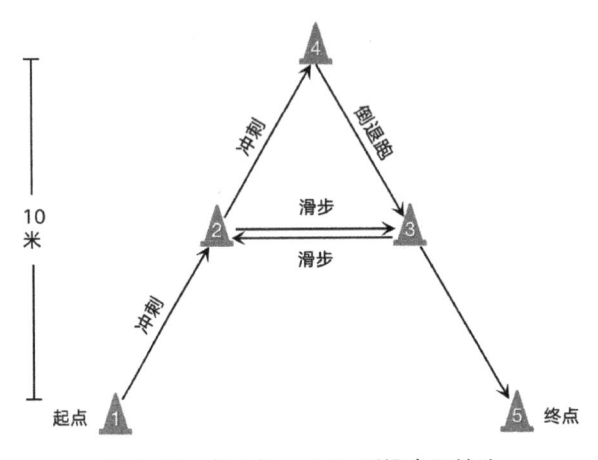

图4-16　标志桶·"A"形混合灵敏跑

十七、标志桶·"之"字形斜向滑步

训练目的

该训练旨在发展练习者的迅速变向能力，提高其步法速度。

训练方法

1.将10个标志桶横向摆放成一排，每个标志桶之间的距离为1米。

2.练习者以两点式在第一个标志桶位置准备。

3.左、右脚交替向斜前方滑步，依次绕过每个标志桶，完成此训练。

提示

保持整个训练过程流畅、连贯，以最短时间完成。

进阶练习

可以侧向移动的方式进行此训练。（见图4-17）

图4-17 标志桶·"之"字形斜向滑步

十八、标志桶·"之"字形交叉步

训练目的
该训练旨在发展练习者的变向能力、协调性和脚步反应能力。

训练方法
1.将10个标志桶横向摆放成一排，每个标志桶之间的距离为1米。
2.练习者以两点式在第一个标志桶位置准备。
3.左、右脚交替向斜前方交叉步，依次绕过每个标志桶，完成此训练。

提示
保持整个训练过程流畅、连贯，以最短时间完成。

进阶练习
可以侧向移动的方式进行此训练。（见图4-18）

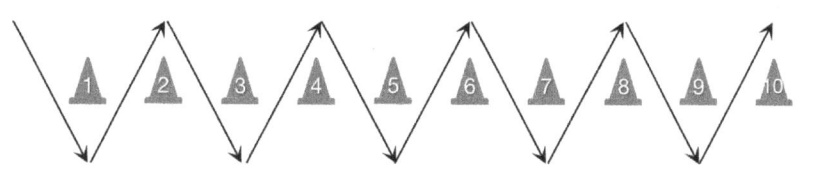

图4-18 标志桶·"之"字形交叉步

十九、标志桶·变速跑

训练目的

该训练旨在发展练习者加速转换、直线加速和在各种速度之间切换的能力。

训练方法

1.将5个标志桶编号为1—5,横向摆放成一排,每个标志桶之间的距离为20米。

2.练习者在1号标志桶位置启动并冲刺,在1号和2号标志桶之间以半速进行冲刺。

3.在2号和3号标志桶之间以四分之三全速进行冲刺。

4.在3号和4号标志桶之间以四分之一全速进行冲刺。

5.在4号和5号标志桶之间以全速进行冲刺。

提示

保持整个训练过程流畅、连贯,以最短时间完成。

进阶练习

可根据自身位置和实际情况调整标志桶的数量和距离,以及速度变化的转换类型。(见图4-19)

图4-19 标志桶·变速跑

二十、标志桶·后撤步+滑步+转身冲刺

训练目的

该训练旨在发展练习者的加速、急停、控制身体能力和反应灵敏性。

训练方法

1. 将1—4号标志桶如图4-20所示摆放成"丁"字形。

2. 练习者在1号标志桶位置出发，后撤步5米至2号标志桶。

3. 根据口令指示向左侧或右侧滑步5米至3号或4号标志桶，用手触桶。

4. 迅速转身90度全速冲刺至另一侧标志桶。

提示

保持整个训练过程流畅、连贯，以最短时间完成。

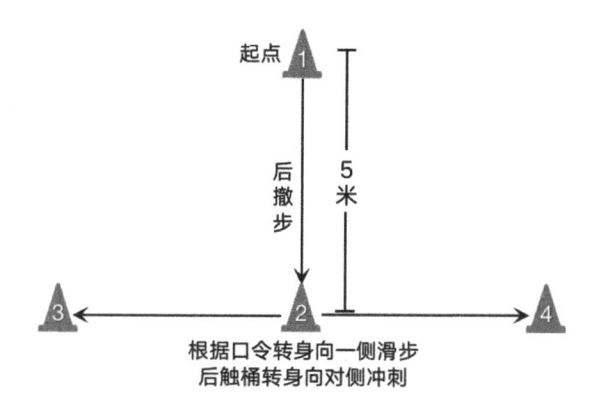

图4-20　标志桶·后撤步+滑步+转身冲刺

二十一、标志盘·小碎步"S"绕环

训练目的

该训练旨在发展练习者的下肢移动灵敏性，提高其步频。

训练方法

1. 将标志盘横向摆放成一排，每个标志盘之间的距离为1米。

2. 练习者在其中一端准备。

3. 以小碎步沿"S"形路线绕过所有标志盘行进至另一端。

提示

训练过程中尽量加快脚步速度，灵活变向。

进阶练习

可缩小标志盘之间的距离。（见图4-21）

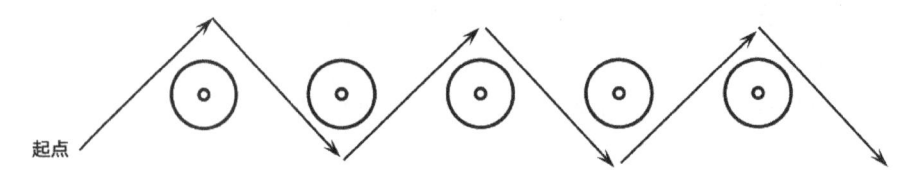

图4-21 标志盘·小碎步"S"绕环

二十二、栏架·"之"字形跑

训练目的

该训练旨在提高练习者的步频，发展其下肢平衡能力和髋屈肌力量。

训练方法

1. 将栏架竖向摆放成两排，左、右侧栏架分别与练习者的左、右腿对齐。
2. 练习者以两点式在第一个栏架后准备。
3. 以左腿跨左栏、右腿跨右栏的方式依次跑过所有栏架，完成此训练。

提示

1. 可一步或两步跑过每个栏架，也可在栏架尽头变向进行折返练习。
2. 跑动过程中注意膝盖和脚趾上提，同时提高步频。

进阶练习

以后退的方式进行此训练。（见图4-22）

图 4-22　栏架·"之"字形跑

二十三、镜像冲刺

训练目的

该训练旨在发展练习者变向、观察对手的运动并做出相应反应的能力。

训练方法

1. 练习者与搭档以标志线为中间点，面对面准备。

2. 搭档随机进行向前冲刺或倒退跑。

3. 练习者迅速反应，做出相同动作。

提示

训练过程中，练习者与搭档始终面对面，尽量保持与标志线的距离相等。（见图4-23）

图4-23 镜像冲刺

二十四、口令·倒退跑+变向

训练目的
该训练旨在提高练习者的反应速度和多方向移动速度。

训练方法
1.练习者以两点式准备，进行倒退跑。
2.教练随机发出方向指令（口令或视觉指令）。练习者迅速变向，向相应的方向冲刺。

提示
全速行进并集中注意力，以最快速度转换步法。

进阶练习
1.结合多种方向、角度、移动方式或步法进行此训练。
2.每次变向前完成一次快速伸缩复合练习（如团身跳、弓步跳、爆发式俯卧撑等）。（见图4-24）

图 4-24　口令·倒退跑+变向

二十五、躲球练习

训练目的

该训练旨在提高练习者对视觉刺激的反应速度，发展其动作灵敏性。

训练方法

1. 练习者以直立姿势准备。
2. 教练向练习者的方向掷球，练习者迅速移动躲避。

提示

可由多人以不同的队形（如直排、圆圈等）进行躲避练习。

进阶练习

多名练习者掷球；其他练习者进行躲避，避免被球触碰。（见图4-25）

图 4-25　躲球练习

二十六、守门员练习

训练目的

该训练旨在提高练习者上肢的反应速度。

训练方法

1.将2个标志桶横向分开摆放,作为球门线。练习者站在球门线位置,与搭档面对面准备。

2.搭档向"球门"方向投球。

3.练习者移动双脚和上肢进行防守。

提示

练习者应第一时间判断球的动向,迅速做出反应,以阻止球越线。(见图4-26)

图4-26 守门员练习

二十七、口令·反应冲刺+后撤步

训练目的

该训练旨在发展练习者在前进和后退时加速、减速的能力。

训练方法

1.将2个标志桶相隔10米摆放,练习者在1号标志桶位置准备。

2.教练发出"开始"口令,练习者立即向前冲刺至2号标志桶位置。

3.教练发出"切换"口令。练习者立即变向,同时减速,后退至1号标志桶位置。

提示

1.教练应随机设置切换距离,使练习者无法预测。

2.练习者应时刻保持专注和敏锐的听觉,以迅速响应信号和指令。

进阶练习

可以不同的步法进行此训练。(见图4-27)

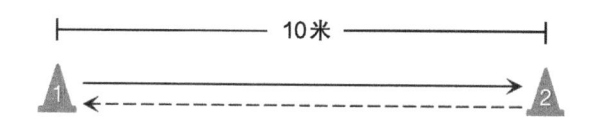

图4-27 口令·反应冲刺+后撤步

二十八、口令·"Y"形反应练习

训练目的

该训练旨在发展练习者迅速处理信号的能力,提高其变向速度。

训练方法

1.将4个标志桶编号为1、2、3、4,摆放成"Y"形;练习者在1号标志桶位置准备;教练站在2号标志桶位置。

2.教练发出"开始"口令,练习者立即冲刺至2号标志桶位置。

3.到达后,教练给出视觉或听觉的方向提示(1号、3号、4号标志桶)。

4.练习者快速冲刺至相应位置。

提示

1.方向性提示可为视觉（指向）提示；亦可为听觉（口令）提示，如数字指令。

2.练习者应时刻保持专注和敏锐的听觉，以迅速响应信号和指令。

进阶练习

1.可以不同的步法进行此训练。

2.可增加一名搭档进行跟随训练。即搭档到达1号标志桶时随机变向，练习者应预判其目标，尝试在到达选定的位置之前拖住搭档。（见图4-28）

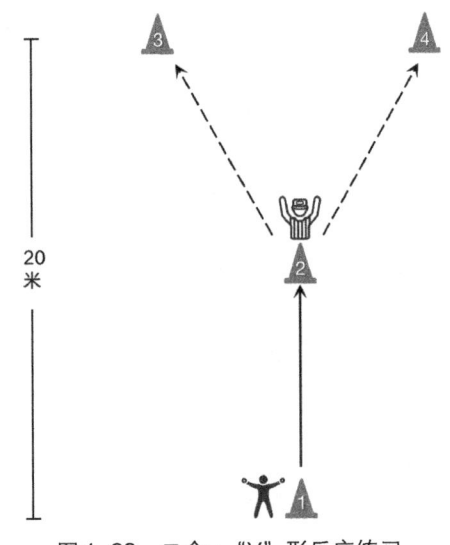

图4-28 口令·"Y"形反应练习

二十九、二维移动练习

训练目的

该训练旨在发展练习者判断多个对手运动模式和感知空间位置的

能力。

训练方法

1.将4个标志桶摆放成边长为10米的正方形。1号练习者站在正方形中间，2号练习者面对1号练习者站在其中两个标志桶之间，3号练习者站在1号练习者左侧或右侧两个标志桶之间。

2.训练开始后，2号、3号练习者开始分别在两个标志桶之间移动。

3.1号练习者需要时刻与另外两名练习者保持对齐。

提示

1.1号练习者应不断调整自己的位置，使另外两名练习者始终在自己的视野范围内。

2.每组训练时长约为10秒，休息20—30秒。三名练习者轮换位置进行此训练。（见图4-29）

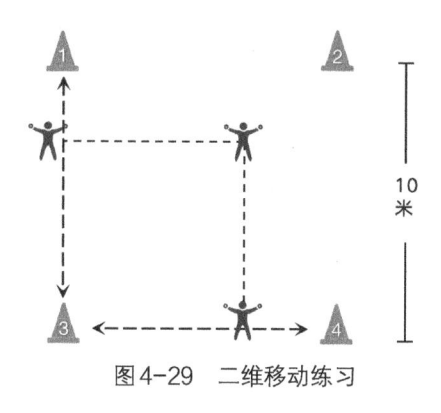

图4-29 二维移动练习

三十、间隙练习

训练目的

该训练旨在发展练习者寻找突破点的能力。

训练方法

1.将4个标志桶横向摆放成一排，每个标志桶之间的距离为1米；将3

个间隙编号为1、2、3。练习者站在距这排标志桶10米的位置面向标志桶准备。

2.训练开始后,练习者向前冲刺。

3.练习者跑到5米或8米的标记时,教练随机喊出间隙的编号,练习者快速冲刺至对应位置。

提示

练习者应时刻保持专注和敏锐的听觉,以迅速响应信号和指令。

进阶练习

1.可增加标志桶的数量和间隙,以增加难度。

2.可根据需要加入更多复杂的指令和变化。(见图4-30)

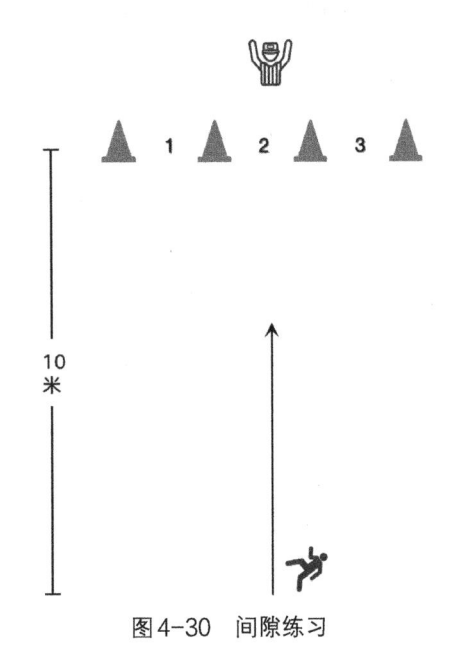

图4-30 间隙练习

第五章

排球项目的灵敏移动练习方法

第一节　排球运动的项目特征

排球运动是一项有着长达100年历史的团体运动项目，是奥林匹克运动会上的正式比赛项目之一。排球比赛场地为18米×9米的长方形，场中间横画的一条线将球场分为面积相等的两个场区。场地中线上空架有球网，女子网高2.24米，男子网高2.43米。比赛中有攻、守两方，分别为发球方和接发球方。发球方依据站位和策略选择发球方式并发球，接发球方则要在接球后进行进攻和防守。比赛的站位和轮换可以根据场上情况进行调整。通过扣球、拦网、防守等技术手段减少对方的得分机会，并增加自己的得分概率。

排球运动对球员的体能素质有着较高的要求，且在不同位置上有所差异。高水平排球球员往往具备出色的身高、臂展等静态天赋及下肢爆发力。根据场地的大小和参与比赛的球员数量，在短距离内（3—5米的范围内）改变方向的能力对于排球球员至关重要。二传手通常执行跳传，并且是整场比赛中攻防体系的核心，因此他们需要具有出色的感知能力和决策能力。

一、灵敏素质需求

排球是一项要求球员不断进行高强度运动与低强度运动穿插的运动项目。其中高强度运动主要涉及球场内部多方向移动、救球、传球、跳发球、拦网、扣杀等。研究表明，排球项目的场地在室内，面积小于足球场、橄榄球场这类大型室外球场，这使得球员的运动范围较小，轨迹以短距离冲刺和小范围180度转弯为主，在安排排球运动灵敏素质的测试和训练时，应将这一点纳入考虑范围。

对排球球员而言，加速度能力、变向速度、下肢力量及爆发力是至关重要的。排球球员在速度、灵活性、上下肢肌肉力量配合等方面都要尽可能出色。一般来说，排球球员在拦网和扣球时必须重复完成最高或接近最高的跳跃、频繁的变向和重复的头顶动作。有研究指出，排球球员在提高变向速度时应着重加强垂直平面和水平面上的绝对力量和相对力量。因此，在进行排球球员的动作灵敏训练时应首先考虑下肢的爆发力及三维平面上的动作速度表现。排球场地面积有限，教练在为排球球员设置体能训练时，应合理安排动作灵敏训练的距离范围。在面积较小的场地进行提高步频和运动意识的训练（如阶梯训练、直线训练、圆点训练）将更有助于提高排球球员的专项动作速度和动作质量。相对于比较标准的"T"形测试，改良"T"形测试似乎更接近排球球员在比赛中需要覆盖的距离。

二、球场位置

在排球比赛中，不同位置的球员的攻守职责有所不同，其身高、体重及运动素质也不尽相同。按照主要的位置，可划分为主攻手、副攻手、二传手及自由人。主攻手是在靠近标志杆的位置进攻的球员。大多数传向主攻位置的球是高球，因此，主攻手往往采用距离很长的助跑，有时甚至从边线外开始助跑。在进攻中，主攻手通常依靠强有力的扣杀得分，但有时也被要求以斜线助跑和快攻扰乱对方的防守。副攻手是经常在靠近二传手的位置打出快攻的球员。副攻手专门负责拦网，因为他们必须阻挡来自对方副攻手的快攻，并且需要从中间向两边快速移动，以组织双人拦网。通常，副攻手是队中身高最高的球员，且有很好的防守技术。二传手的职责在于组织全队的进攻，二传时需要将球送至最适宜攻手扣球的位置。二传手必须有能力与扣球球员组合出多种变化形式，以破坏对方的防守，移动快速、传球精准是其必备的素质。高质量的举球能够串联全队的攻势，这需要实施的球员对队中各攻手的特性和习惯有深入的了解，且在比赛中保持清晰的思路。另外，在某些时候，二传手也必须扮演攻手的角色。所以除了练习举球技巧，二传手还必须具备部分长球攻击能力。一名优秀的二传手可谓是整支队伍的灵魂。自由人则是专门负责防守的球员，他们不需要在网前进攻或防守（规则不允许），主要负责在后场接发球和接扣球（即救球）。通常来说，自由人的身高是最矮的，具有全队最快的反应速度和最好的一传技术。

　　一项女子大学生排球运动员赛季前功能性测试与比赛成绩相关性研究的结果表明，所有位置球员Y平衡功能测试与比赛成绩呈中度正相关，主攻手的立定跳远和单腿跳远与比赛成绩呈低等或中等水平相关，二传手与副攻手的单腿跳远与比赛成绩呈低等或中等水平相关。类似地，另一项关于男子排球运动员的研究表明，主攻手的深蹲跳和反向纵跳成绩显著优于二传手，进攻式跳跃水平显著高于自由人。综合来说，副攻手身高及弹跳普遍高，体脂率普遍低，外胚型运动员居多；自由人的身高相对矮，体脂率相对高。但是，在所有位置上，更高水平的运动员普遍具有更低的体脂率。出色的运动员显著表现出更好的下肢力量、速度和灵敏性。

第二节 排球运动的动作特征

排球运动的动作模式特征主要包括接发球、扣球、拦网、防守等。具体来说，跳跃的优势表现在前场的进攻、扣球、拦网等技术动作中，而后场的防守同样至关重要，接发球、接扣球需要后场球员具备出色的动作灵敏和反应灵敏素质。

一、接发球

接发球是排球比赛中的基础环节，是比赛中进攻和防守的基础。球员接发球技术的娴熟程度直接影响球队的进攻和防守效果，接发球的质量直接影响球队在比赛中的攻防效果。接发球的动作要领包括调整身体站位，准确估计球的方向、距离及速度，并将双手合拢，在最合适的位置、角度以最恰当的方式接球。这项技术具有复杂性，需要逐步练习、巩固基本动作，并模拟比赛的真实情况，从而达到熟练掌握技术动作的目的。除此之外，球员还需注意击球力度、身体平衡、眼球注意力、动作速度等方面的问题，而这些需要在反复练习的基础上逐渐完善。如果接发球表现不佳，将导致在比赛中出现失误，直接失分甚至比赛失败。

二、扣球与拦网

扣球是排球比赛中增加得分的关键一环，球员需要对对方的布置和自身得到球的情况进行迅速调整和动作处理。扣球时，可在跃起后采用顶部或射门式扣球动作，瞄准对方攻击防线，以手或臂部将球瞬间打出，从而得分。扣球是灵活多变、对技巧和球员身体素质要求较高的技术动作。球员需要了解扣球的动作技术要领、位置和时机要求，并且须具备出色的下肢爆发力，以达到足够的击球高度。

拦网是排球比赛中的重要防守手段，对球员的身体素质、战术思维等的要求都非常高。在拦网的过程中，球员需要在起跳后迅速展开双臂，在对方球员出手的前方用后臂内侧或前臂内侧拦住球，防止球越过球网落地失分。拦网主要利用球员的弹跳高度进行封锁，在战术方面意义巨大，且对使用的时机要求较高。球员需要及时、迅速地反应并做出决策，准确把握对方的攻球路线和力度，及时调整自己的挡球位置和动作。

总而言之，在排球运动中，扣球、拦网都需要以足够的弹跳和出色的身体姿势控制能力来完成动作，且落地后的巨大冲击力需要以足够的力量来缓解。球员需要针对性地加强下肢离心力量、爆发力及躯干支柱力量，并注重反应灵敏性训练，提高对球路的判断和决策能力。

三、传球

传球是排球运动中的重要技术，它是发起进攻的基础，是连接前场和后场的纽带。传球主要由自由人及二传手来完成，需要把球转移到前场进攻球员最容易攻击的位置，以完成高质量的击球。在传球时，球员需要注意传球方向和力度，同时也要了解队友的走位和战术，以适时完成一次精彩的传球。成功的传球将大大增强本队的攻击能力和防守能力。为了使传球更加准确，球员需要在比赛前进行身体的基本姿势，手的位置，手腕的力度，球接触、发动时的力度和角度等方面的训练和练习，不断提高技术的稳定性和准确性。另外，后场球员在扑救扣杀球时需具备出色的水平跳跃能力及落地缓冲能力，在尽可能完成高质量传球的同时避免受伤。

第三节　排球项目灵敏移动练习动作及进阶

一、双脚前后跳

训练目的
该训练旨在发展练习者的灵敏性、平衡性和下肢关节的刚性。

训练方法
1. 练习者双脚开立，与肩同宽，以直立姿势在20米线的一侧准备。
2. 双脚向前跳起并越过标志线。
3. 向后跳跃，返回至线后。
4. 以此方式连续跳跃，同时侧向移动，直至终点。

提示
向前或向后越过标志线时保持距离相等。（见图5-1）

图5-1　双脚前后跳

二、180度直线转身

训练目的

该训练旨在发展练习者的下肢弹性、髋关节灵活性和本体感受能力。

训练方法

1. 练习者双脚横跨在20米线两侧准备。
2. 跳起并转身180度，落地后恢复起始姿势。
3. 重复上述步骤行进，直至终点。

提示

1. 跳起时转髋，核心收紧，双脚保持一定的间距。
2. 可以向左转或向右转，以及左、右交替转身的方式进行此训练。

（见图5-2）

图5-2 180度直线转身

三、绳梯·双脚开合跳

训练目的

该训练旨在结合绳梯进行开合跳练习，对跳跃过程中的步点和行进方向要求较高。

训练方法

1. 练习者以直立姿势面向绳梯起点准备。
2. 双脚跳起，落在第一方格两侧。
3. 快速向上跳起，双脚合拢落在第二方格内。
4. 不停顿，再次快速跳起，双脚落在第三方格两侧。
5. 以此方式继续行进，直至完成绳梯，并重复此训练。

提示

注意双腿不要屈曲。（见图5-3）

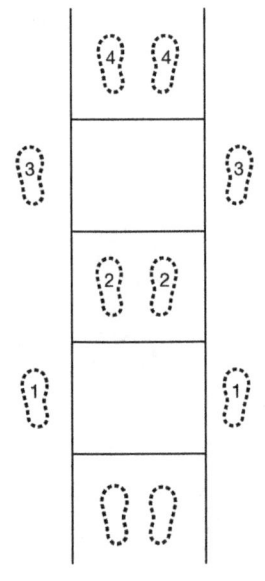

图5-3 绳梯·双脚开合跳

四、绳梯·双脚180度转身跳

训练目的

该训练旨在发展练习者的侧向移动能力、灵敏性和身体控制能力。

训练方法

1.练习者以直立姿势侧对绳梯起点准备。

2.跳起并转身180度,双脚横跨绳梯的第一级两侧。

3.跳起并转身180度,双脚横跨绳梯的第二级两侧。

4.以此方式继续行进,直至完成绳梯。

提示

1.双脚应同时落在梯级两侧。

2.可以向左转或向右转的方式开始,并重复此训练。(见图5-4)

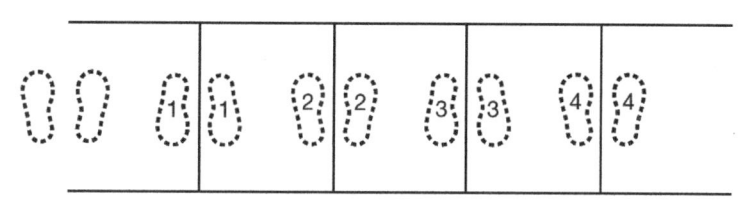

图5-4　绳梯·双脚180度转身跳

五、绳梯·侧向进进出出

训练目的

该训练旨在发展练习者的灵敏性、平衡性、协调性和反应能力。

训练方法

1.练习者以直立姿势面向绳梯的第一方格准备。

2.右脚向斜前方踏入第一方格;左脚迅速跟进,同样踏入第一方格。

3.右脚踏到第一方格外;左脚迅速跟进,同样踏到第一方格外。

4.以此方式逐一踏入、踏出所有方格,直至完成绳梯。

提示

1.落脚应迅速,落点应清晰,且确保落点在绳梯的方格内,并快速侧向移动。

2.可以左脚开始或以右脚开始,并重复此训练。

进阶练习

以单脚踏入、踏出的方式行进,并重复此训练。(见图5-5)

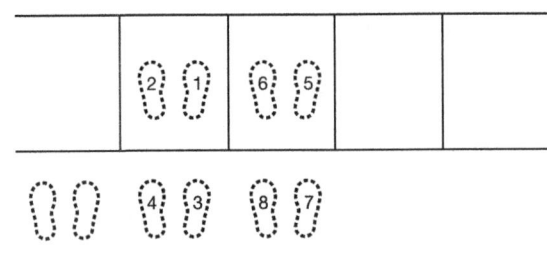

图5-5 绳梯·侧向进进出出

六、绳梯·侧向重复进出

训练目的

该训练旨在提高练习者的下肢协调性和步频。

训练方法

1. 练习者以直立姿势面向绳梯的第一方格准备。

2. 左脚向正前方一步,踏入第一方格;右脚迅速跟进,同样踏入第一方格。

3. 左脚后退一步,踏到第一方格外;右脚迅速跟进,同样踏到第一方格外。

4. 重复一次上述步骤。

5. 左脚向斜前方踏入第二方格;重复上述步骤,直至完成绳梯。

提示

1. 落脚应迅速,落点应清晰,且确保落点在绳梯的方格内,并快速侧向移动。

2. 可以左脚开始或以右脚开始,并重复此训练。(见图5-6)

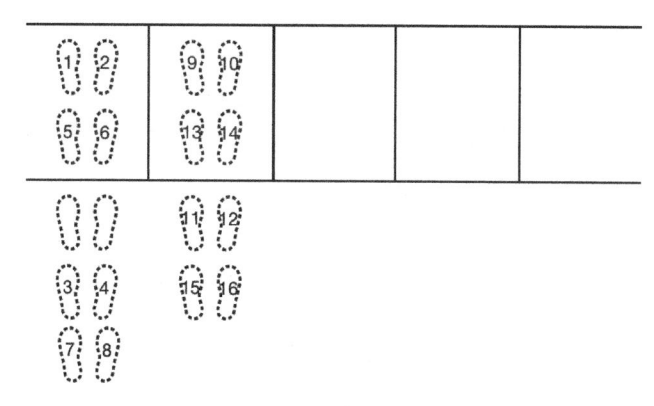

图5-6 绳梯·侧向重复进出

七、绳梯·双脚跳＋抛接球

训练目的

该训练旨在发展练习者下肢的弹性力量、手眼协调能力，提高其反应速度。

训练方法

1.练习者双脚依次向前跳跃，进入绳梯的每一个方格。

2.跳跃过程中，教练在绳梯外抛球，练习者接球并抛回给教练。

3.重复抛接，直至完成绳梯。

提示

1.在跳跃过程中强调短触地时长。

2.训练过程中尽量目视前方，并确保准确完成抛接。

进阶练习

以向后跳跃的方式进行此训练。（见图5-7）

图5-7 绳梯·双脚跳+抛接球

八、绳梯·偏侧进进出出+抛接球

训练目的

该训练旨在改善练习者的反应速度、场地空间感觉、肢体对视觉或听觉刺激的反应、动作灵敏性、整体运动能力和踝关节周围肌肉的弹性力量。

训练方法

1. 练习者以直立姿势面向绳梯起点准备。
2. 左脚向前踏入第一方格；右脚迅速跟进，同样踏入第一方格。
3. 左脚踏到第一方格左侧，右脚仍踏在第一方格内。
4. 以此方式逐一踏入、踏出所有方格，直至完成绳梯。
5. 跳跃过程中，教练在绳梯外抛球，练习者接球并抛回给教练。
6. 重复抛接，直至完成绳梯。

提示

1. 落脚应迅速，落点应清晰，且确保落点在绳梯的方格内，并快速向前方移动。
2. 训练过程中尽量目视前方，并确保准确完成抛接。

进阶练习

以向后跳跃的方式进行此训练。(见图5-8)

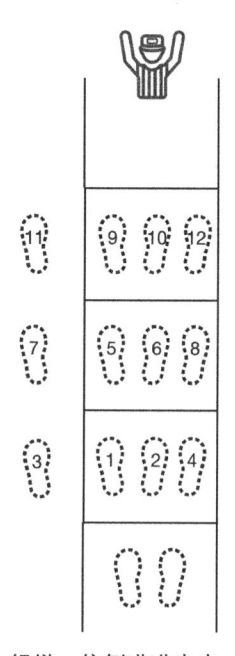

图5-8 绳梯·偏侧进进出出+抛接球

九、标志桶·"Z"形灵敏跑

训练目的

该训练旨在发展练习者的灵敏性和迅速变向能力。

训练方法

1.将6个标志桶横向摆放成两排,两排标志桶相距5米;将其中3个标志桶分别摆放在第一条线上的0米、10米和20米处,将另外3个标志桶分别摆放在第二条线上的5米、15米和25米处。

2.练习者以两点式在起点准备。

3.向斜前方的标志桶冲刺,并从外侧绕过该标志桶。

4.重复上述步骤，依次绕过每个标志桶，完成此训练。
提示
保持身体平衡和稳定，灵活地调整步法和转向动作。
进阶练习
1.可更改标志桶之间的距离。
2.可以不同的起始姿势（如仰卧、四点支撑等）进行此训练。（见图5-9）

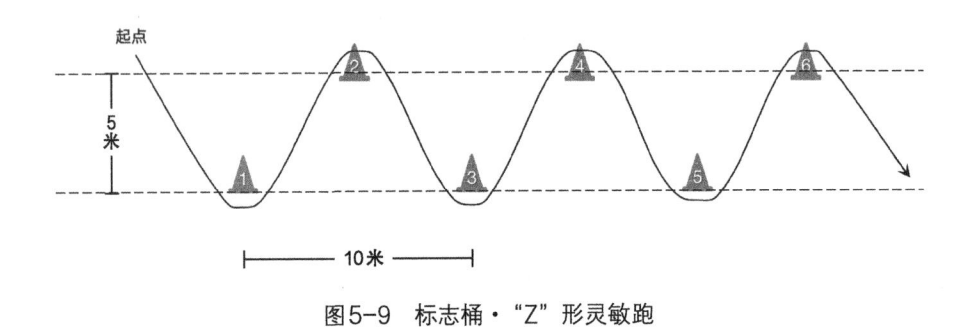

图5-9 标志桶·"Z"形灵敏跑

十、标志桶·冲刺+冲刺+后撤步

训练目的
该训练旨在提高练习者的变向能力和步法速度。
训练方法
1.将1—3号标志桶如图5-10所示摆放成底边长10米、顶角中位线长约10米的等腰三角形。
2.练习者以两点式开始，从1号标志桶冲刺至2号标志桶；迅速向后转身并冲刺，返回至1号标志桶。
3.从1号标志桶后撤步至3号标志桶；从3号标志桶冲刺，返回至1号标志桶。

提示

保持整个训练过程流畅、连贯，以最短时间完成。

图 5-10　标志桶·冲刺＋冲刺＋后撤步

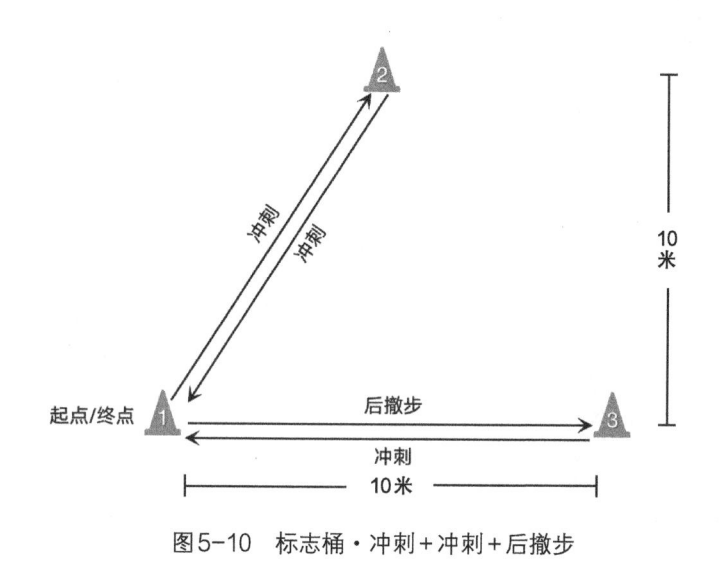

十一、标志桶·滑步绕行＋一步助跑纵跳

训练目的

该训练旨在发展练习者的脚步灵活性、下肢平衡性和稳定性，以及衔接助跑纵跳的能力。

训练方法

1. 将6—8个标志桶横向摆放成一排，每个标志桶之间的距离为1.2—1.5米。
2. 练习者位于标志桶侧后方，以滑步的方式依次绕过每个标志桶。
3. 在绕过最后一个标志桶后向前迈出一大步，全力纵跳，双手摸高。

提示

1. 保持整个训练过程流畅、连贯，以最短时间完成。
2. 助跑纵跳应全力起跳，尽可能跳得更高。（见图5-11）

图5-11 标志桶·滑步绕行+一步助跑纵跳

十二、障碍物·横向穿行

训练目的

该训练旨在发展练习者的快速脚步动作，以及快速屈髋、屈膝能力。

训练方法

1.将障碍物横向摆放成一排，每个障碍物之间的距离在1米之内。

2.练习者以两点式准备，启动后迅速以横向侧跨步从左侧跨过障碍物，直至跨过尽头。

3.跨过最后一个障碍物后立即调转方向，从右侧跨过障碍物，回到起始位置。

4.跨过起始位置障碍物后，全速向前冲刺5米。

提示

跨步移动时应尽可能加快速度，踝关节保持背屈状态。

进阶练习

可增加接球训练。（见图5-12）

图5-12　障碍物·横向穿行

十三、障碍物·双脚跳+转身180度

训练目的

该训练旨在通过快速伸缩复合训练发展练习者的下肢弹性、刚性和髋关节水平旋转灵活性。

训练方法

1.将障碍物横向摆放成一排，每个障碍物之间的距离在1米之内。

2.练习者以两点式准备，横向跳过第一个障碍物，在空中转身180度，在两个障碍物之间着地；并立即跳过第二个障碍物，向另一个方向转身180度。

3.连续跳跃并转身，完成4—6个障碍物。（见图5-13）

图5-13　障碍物·双脚跳+转身180度

十四、栏架·"Z"形双脚跳

训练目的
该训练旨在发展练习者连续跳跃和在空中调整身体姿势的能力。
训练方法
1.将栏架竖向摆放成一排。
2.练习者双脚开立，与肩同宽，双臂在身体两侧，屈髋、屈膝在第一个栏架侧面准备。
3.向斜前方跳起，双脚落在下一个栏架对侧。
4.以此方式依次跳过所有栏架，完成此训练。
提示
起跳时双脚用力蹬地，同时双臂配合下肢向上摆动。

进阶练习

可以单脚或后退的方式进行此训练。(见图5-14)

图5-14 栏架·"Z"形双脚跳

十五、栏架·双脚正向折返跳

训练目的

该训练旨在发展练习者前、后连续跳跃和在空中调整身体姿势的能力。

训练方法

1.将栏架竖向摆放成一排。

2.练习者双脚开立,与肩同宽,双臂在身体两侧,屈髋、屈膝在第一个栏架后准备。

3.向前跳起,双脚跨过栏架;重复一次。

4.向后跳起,返回至上一个栏架。

5.以此方式依次跳过所有栏架,完成此训练。

提示

起跳时双脚用力蹬地,同时双臂配合下肢向上摆动。

进阶练习

可以后退的方式进行此训练。(见图5-15)

图5-15 栏架·双脚正向折返跳

十六、栏架·"L"形双脚跳

训练目的

该训练旨在发展练习者的向前跳与横向跳跃衔接能力。

训练方法

1.将2个栏架摆放成"L"形。

2.练习者双脚开立,与肩同宽,双臂在身体两侧,屈髋、屈膝在横向栏架后准备。

3.跳起,双脚跨过面前的栏架。

4.再次跳起，双脚侧向跨过侧面的栏架。
5.以相同路线返回，并重复此训练。
提示
起跳时双脚用力蹬地，同时双臂配合下肢向上摆动。（见图5-16）

图5-16 栏架·"L"形双脚跳

十七、栏架·高抬腿+滑步+连续纵跳摸高

训练目的
该训练旨在发展练习者的脚步灵活性、下肢平衡性和稳定性，以及衔接连续纵跳拦网的能力。

训练方法
1.将栏架竖向摆放成一排。
2.练习者以两点式在第一个栏架后准备。
3.高抬腿跑，依次通过所有栏架后滑步返回至起点。
4.连续5次全力纵跳，双手摸高。

提示
1.保持整个训练过程流畅、连贯，以最快速度完成。

2.每次纵跳时双脚用力蹬地,全力达到最大高度。(见图5-17)

图5-17 栏架·高抬腿+滑步+连续纵跳摸高

十八、栏架·侧向跨栏+滑步+连续纵跳摸高

训练目的

该训练旨在发展练习者的脚步灵活性、下肢平衡性和稳定性,以及衔接连续纵跳拦网的能力。

训练方法

1.将栏架竖向摆放成一排。

2.练习者以两点式侧对第一个栏架准备。

3.侧向跨栏,依次通过所有栏架后滑步返回至起点。

4.连续5次全力纵跳,双手摸高。

提示

1. 保持整个训练过程流畅、连贯，以最快速度完成。
2. 每次纵跳时双脚用力蹬地，全力达到最大高度。（见图5-18）

图5-18　栏架·侧向跨栏+滑步+连续纵跳摸高

十九、口令·连续跳跃

训练目的

该训练旨在提高练习者下肢的反应速度，增强其下肢的弹性力量。

训练方法

1. 练习者以直立姿势在直线或栏架的一侧准备。
2. 进行前、后、左、右或斜向连续跳跃。
3. 教练在训练过程中给予变化指令（如单脚跳、交叉跳、逆时针顺序跳）。
提示
1. 在跳跃过程中强调短触地时长。
2. 时刻保持注意力集中，以迅速对指令做出反应。（见图5-19）

图5-19　口令·连续跳跃

二十、口令·滚翻

训练目的

该训练旨在发展练习者的动作灵敏性和本体感受能力。

训练方法

1. 练习者以两点式准备。

2. 完成一次前或后滚翻。同时，教练发出口令或视觉指令（如冲刺、触碰标志桶等）。

3. 练习者在滚翻后迅速执行相应的指令。

提示

1. 强调正确的滚翻技巧，避免受伤。

2. 时刻保持注意力集中，以迅速对指令做出反应。

进阶练习

翻滚后起身完成一次垫球，再执行口令。（见图5-20）

图5-20　口令·滚翻

二十一、敏捷圈·跨步反应练习

训练目的

该训练旨在提高练习者的反应速度和多方向移动速度。

训练方法

1. 将8个敏捷圈摆放成圆形区域,在圆形中间摆放1个敏捷圈。
2. 练习者以小碎步准备,等待指令。
3. 教练发出指令。练习者迅速将一只脚跨入敏捷圈,呈弓步姿势,随后回到起始位置。
4. 以小碎步等待下一个指令。

提示

1. 教练可使用不同组合的指令(如颜色+数量、颜色+方向等)。
2. 时刻保持注意力集中,以迅速对指令做出反应。

进阶练习

可在到达目标时加入一项专项技能(如垫球、传球、拦网等)。(见图5-21)

图5-21 敏捷圈·跨步反应练习

二十二、阻力带前刺+垫球

训练目的
该训练旨在发展练习者的加速能力。

训练方法
1.练习者在腰间绑好阻力带。搭档在后方拉住阻力带末端,以提供阻力。
2.练习者向前冲刺15—20米后,教练于练习者面前5米位置向练习者随机抛球。
3.练习者完成垫球。

提示
1.搭档应提供适当的阻力。
2.练习者应时刻保持注意力集中,以准确完成此训练。(见图5-22)

图5-22　阻力带前刺+垫球

二十三、综合反应练习

训练目的
该训练旨在改善练习者的反应速度、肢体对视觉或听觉刺激的反应和动作灵敏性。

训练方法

1.练习者以小碎步准备，等待指令。

2.教练发出指令（口令或视觉指令），练习者完成相应动作后以小碎步等待下一个指令。

提示

1.时刻保持注意力集中，以迅速做对指令出反应。

2.可根据训练目标或专项需求设定指令动作。（见图5-23）

图5-23 综合反应练习

二十四、实心球·前抛接球

训练目的

该训练旨在增强练习者的全身爆发力和快速反应力量。

训练方法

1. 练习者双脚与肩同宽，屈髋、屈膝，双手在胸前持实心球准备。
2. 双手快速、用力向前方远处抛出实心球。
3. 向前跑动并接球，恢复起始姿势；重复此训练。

提示

1. 身体始终保持挺直；抛球时双脚蹬地，核心收紧，传导至手臂最大爆发力。
2. 关注实心球落点，在实心球落地反弹两次时将它接住。（见图5-24）

图5-24　实心球·前抛接球

第六章

橄榄球项目的灵敏移动练习方法

第一节 橄榄球运动的项目特征

橄榄球运动是一项规则繁多、身体对抗性强、战术性高、角色分工明确的集体性运动项目。国际上两种主流橄榄球项目类型为美式橄榄球和英式橄榄球，后者可被分为世界杯的15人制和奥运会的7人制。橄榄球比赛需要球员具备出色的身体素质和技能，同时还需要球员在短时间内做出正确的判断和选择，必须保持状态的稳定性，并具备一定的耐力。在比赛中，每个球员都有特定的位置和角色，他们需要在比赛中精准地完成各自的任务，以保证整个球队协调运转。由于橄榄球项目具有高对抗性，球员需要具备出色的绝对力量、速度、爆发力及灵敏素质。

一、美式橄榄球

美式橄榄球由两支11人的队伍组成，每队球员都由4名后卫、7名前锋构成。橄榄球运动的主要进攻目的是通过跑动或传球将球推进对方的禁区；相应地，防守队伍则需要尽可能地阻止对手的推进。在四轮进攻中，进攻球员必须至少前进10码（约9.1米），否则，他们将失去控球权，对方的进攻球员将有机会得分。

GPS跟踪研究表明，在比赛时间为105分钟的单场比赛的过程中，各个位置（攻击、防守、游击）的球员跑动距离为11.7—12.3千米（7.3—7.6英里），平均速度为6.8—7.5千米/时（4.2—4.7英里/时）。另有研究表明，球员完成237—248次加速，在1秒内超过4.0千米/时（约2.5英里/时），并且有77—89次超过18.0千米/时（约11.2英里/时）。此外，球员需有能力以20.0千米/时（约12.4英里/时）的速度保持10—11秒，以8.0千米/时（约5.0英里/时）的速度保持25分钟以上，以18.0千米/时（约11.2英里/时）保持4.5—5.5分钟以上。在美式橄榄球比赛中，球员穿戴着头盔、护肩、胸甲等装备，在直线冲刺及多方向移动中进行多次身体对抗。

二、英式橄榄球

英式橄榄球比赛总时长为80分钟，分上、下半场，每个半场各40分钟。对精英级别的女子7人制橄榄球球员进行的GPS跟踪研究表明，球员单场比赛的跑动距离可达4.9—6.5千米（3.0—4.0英里），后卫的跑动距离大于前锋。我们拆分这个距离，9.5%的距离是中等强度，1.8%是高强度，还有1.2%是冲刺。比赛过程中的平均速度为4.0千米/时（约2.5英里/时），平均最高速度为22.9千米/时（约14.2英里/时）。在比赛过程中，球员每次冲刺的距离范围为6.0—12.0码（5.5—11.0米）。与美式橄榄球类似，这些冲刺强调爆发力、加速和减速，同时还要躲避或承受身体接触。在英式橄榄球比赛中，球员只穿戴头盔、护齿、护肩等少量防护装备。研究表明，球员在每场比赛中约承受700次冲击，其中约60次为重击，约40次为非常重的撞击，可能还有5次左右的严重撞击。

三、灵敏素质需求

不论是美式橄榄球还是英式橄榄球，球员都需要在比赛中完成多次高强度冲刺，且冲刺不限于直线移动，还包含多方向移动。这些冲刺动作需要球员进行快速启动、制动、加速、减速，且需要他们根据场上情况迅速做出决策，完成多次冲刺动作组合。跑锋在躲避防守球员的拦截并承受对方球员的冲击时，需要及时调整身体姿势来缓冲自身体重和防守球员的冲击力，这需要球员具备出色的爆发力和动作灵敏性。又如，外接手在接四分卫长传球时同样需要提前判断传球点、接球点的位置并尽快抵达目标位置。早期研究表明，不同水平的橄榄球球员在动作灵敏和反应灵敏素质上有所不同，更高水平的球员在5米、10米、20米冲刺能力和反应速度测试上具有显著优势，而不同水平的球员在"L"形跑、505跑这类固定路线的变向速度测试上没有显著差异。对于高水平橄榄球球员，灵敏训练应纳入足够的反应灵敏训练，且与动作灵敏训练及速度训练有机结合，这样才能使之百尺竿头更进一步。

因此，在橄榄球球员的体能训练中，不仅应设定高水平的力量、爆发力训练目标，还应包含多种类型的动作灵敏、反应灵敏训练。发展加速和减速能力、多方向移动能力、对外界信号的反应和决策能力，对橄榄球球员而言缺一不可。

四、位置

有学者通过观察实践和比赛规则发现，与灵敏素质相关的比赛需求与球员位置类型相关。例如，一个四分卫必须完成一系列的动作，从快速、低速的转投，到传球时脚的位置，再到为了躲避扑球而进行的快速多向移动。进攻型的边锋必须快速向前加速，利用快速的反应步法将防守的边锋带到他们希望的方向，为本方的后场打开一个缺口。又如，中卫、后卫、四分卫需要突破争球线并获得码数，或阻止防守球员，干扰传球。像接球手这样的技能型球员，通常会选择相对固定的路线，试图避开对方的防守，以获得一个良好的接球位置。后卫则会提供额外的传球保护，他们也可以在"闪击战"中作为额外的接球手。

第二节　橄榄球运动的动作特征

橄榄球运动是一项极具侵略性的运动项目，球员虽不像拳击运动员那样直接对抗，但比赛中毕竟包含大量的肢体接触。橄榄球运动主要包含推球、传球与接球、拦截与截球等基础动作模式。

一、推球

在橄榄球比赛中，推球是一种非常重要的进攻策略，通常用于突破对方的防线，将球推到对方球门附近来争取得分。推球分为单人推球和团队推球两种类型。单人推球表现为一名球员将球握在手中，用身体将球向前推进。团队推球则需要多名球员聚集在一起，组成一道移动屏障，将球向前推进。进行推球时，球员需要把球稳定地夹在胸前，并且保持较低的身体重心，以便在加速、减速或改变方向时更好地对抗身体惯性。推球强调球员的协作和默契，需要在相对狭窄的空间里实现。因此，球员需要保持清晰的思路，并始终保持警惕。在推球时，球员需要不断调整、改变方向和速度，并准备随时迅速做出反应。

二、传球与接球

传球与接球作为橄榄球运动的基本技能，对于任何一名球员都是必须熟练掌握的。准确传球可以使团队快速推进，攻击对方的防线，从而争取进攻得分；反之则可能导致失误，失去进攻机会，甚至直接失球。不论是向后跑动还是向前跑动，接球球员都需要准确地抓住球，这样才能顺利采取下一步的行动。

传球包括长传、短传、斜传、曲线传等形式。长传通常用于攻击对方防线的弱点或深处，传球手需具备高水平的投掷技巧，以便将球精准送到离自己较远的队友手中，在比赛中通常用于大范围向前推进球队的进攻。短传通常用于转移球权，是一种打破对方的防线或紧急情况下的应急传球。斜传是一种轨迹向前倾斜的传球方式，可用于从一侧攻击对方阵地，也可用于突破对方防线或寻找空当。曲线传是一种灵活性更大的传球方式，传球手通过改变传球轨迹的弧度和角度来达到不同的效果，可用于摆脱对方的盯防。高超的技巧和精准的眼光是高质量完成各种不同类型的传球的必备条件。随着比赛的进行，传球手需要不断思考并判断，选择最佳的传球方式来攻击对方防线。

在前方接球时，球员需要准确地判断球的落点来调整自己的身体位置，双手并拢后打开掌心，保持手掌稳定来接球。在球接近时，球员需精准触球，并立即收紧手掌夹紧球，以确保抓住它。在向后接球时，球员需要先向后奔跑，在减速的过程中转身，使肩膀和臀部面向球，用双手将球放在头顶，然后双手张开，让球稍微向下滑落。在球接近时，球员需紧握球并紧贴球，以确保稳定地抓住球。

为了练习传、接球技巧，球员需要进行各种训练，如多方向冲刺、视线训练、精确接球训练。在训练中，球员需要注意手部姿势的稳定性，并且注重提高自己的判断力和反应速度，以迅速做出正确的传球决策。在实战和训练中，球员需要不断提高传球和接球技能，以应对不同场合和情况的挑战，在比赛中获得好成绩。

三、拦截与截球

在橄榄球运动中，拦截与截球是防守球员阻止或延误对手进攻的重要方式。拦截与截球技术需要球员迅速判断球的运行轨迹，身体处于合适的位置并移动到球的运行轨迹上，选择最佳时机伸手或用头阻挡球的飞行。球员还需要注意尽可能避免犯规，如进行肢体撞击或者绊倒对手。这样不仅会被罚球，而且很可能导致自己受伤或者退赛。

在截球时，球员需要准确判断球的运行轨迹和对方球员的行动，这就要对对方球员的位移轨迹和肢体动作充分掌握。在比赛前或练习期间，掌握对手的进攻习惯及他们的传球策略有时会卓有成效，在关键时刻能够帮助球员做出更准确、更具智慧性的决策。拦截与截球也需要球员具备出色的灵敏性和身体协调性。球员需要迅速、敏捷地改变移动方向，进行跳跃或做滑步动作，并且随时迅速做出决策。另外，拦截不仅涉及单个球员的能力，也需要整个团队的协作和默契。在比赛中，球员需要根据球队的战术策略进行拦截。例如通过密集的防守、车轮战术、盯人防守、覆盖防守等的组合，以联合战术切入防守，球员需要根据对手的进攻阵形迅速调整为适宜的防守阵形，其中包含大量的多方向移动。

第三节　橄榄球项目灵敏移动练习动作及进阶

一、推墙提膝

训练目的

该训练旨在强化练习者正确的冲刺动作模式，重点提高其屈髋、屈膝速度。

训练方法

1.练习者面向墙壁，双脚前脚掌撑地站立；以双臂支撑身体，以45—60度角靠向墙壁。

2.保持身体直立并收紧；抬起一条腿，大腿大致平行于地面；踝关节保持背屈状态。

3.快速换腿提膝，抬起的小腿应与支撑腿保持平行。

4.连续提膝4—6秒。

提示

尽力保持正确的身体姿势，避免弓背或圆肩。（见图6-1）

图6-1 推墙提膝

二、坐姿摆臂

训练目的

该训练旨在提高练习者冲刺时上肢和核心协调发力的动作质量、跑步技术水平，以及动作速度。

训练方法

1.练习者坐于地面，双腿向前伸直；双臂位于身体两侧，前、后臂约成90度角。

2.像做冲刺动作那样摆动双臂。前臂应摆动至身体前面，大约与肩同高；后臂应摆动至臀部后面。

提示

1.双臂放松；每只手臂应作为一个整体移动，前、后臂约成90度角。

2.手臂在向前和向后摆动的过程中不应越过身体的中线。

3.不要因为训练时用力而使身体弹离地面。

进阶练习

练习者双脚与肩同宽，以站立姿势进行此训练。（见图6-2、图6-3）

图6-2 坐姿摆臂

图6-3 站姿摆臂

三、远跳跨步跑+冲刺

训练目的

该训练旨在结合发展加速能力的快速伸缩复合训练练习10—15米的加速冲刺。

训练方法

1. 练习者以两点式准备。

2. 一条腿向前迈出，用力以脚蹬地跳起，随即另一条腿大腿抬至水平高度；双臂用力前、后摆动。

3. 进行远跳跨步10—15米后，立即全速冲刺10—15米。

提示

1. 跑动过程中应保持核心收紧，以肩部带动摆臂。

2. 步幅尽可能大，双脚以最快速度离地。（见图6-4）

图6-4　远跳跨步跑+冲刺

四、拉重雪橇车

训练目的

该训练旨在增强练习者的启动爆发力，增大其步幅。

训练方法

1. 练习者以重量不超过自身体重30%的雪橇车作为负重物。

2. 向前冲刺15—20米。

提示

1. 强调爆发式启动和正确的冲刺技术。
2. 身体未发育成熟的练习者不宜采用此训练方式。（见图6-5）

图6-5　拉重雪橇车

五、后撤步+冲刺

训练目的

该训练旨在发展练习者的正面加速和减速能力。

训练方法

1. 练习者以两点式背对起点线准备。
2. 后撤步10米，到达标志线。
3. 迅速向前冲刺10米。

提示

1. 保持整个训练过程流畅、连贯，以尽可能短的时间完成步法转换。
2. 冲刺时强调爆发力和速度，以及不同步法正确的姿势和技术。（见图6-6）

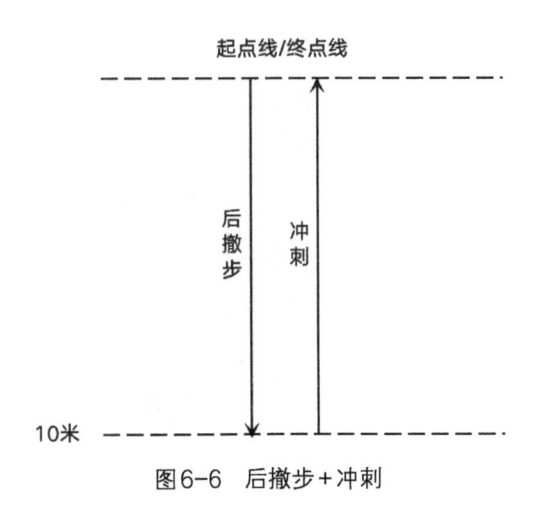

图 6-6 后撤步+冲刺

六、50米直线冲刺转后撤步

训练目的

该训练旨在发展练习者的加速、制动和步法转换能力。

训练方法

1. 练习者以两点式在起点线处准备。

2. 向前冲刺10米，后撤步5米。

3. 连续重复上述步骤3次。

4. 最后再向前冲刺5米。

提示

1. 尽可能缩短制动、加速转换的时间，保持流畅、连贯。

2. 冲刺时强调爆发力和速度，以及不同步法正确的姿势和技术。（见图6-7）

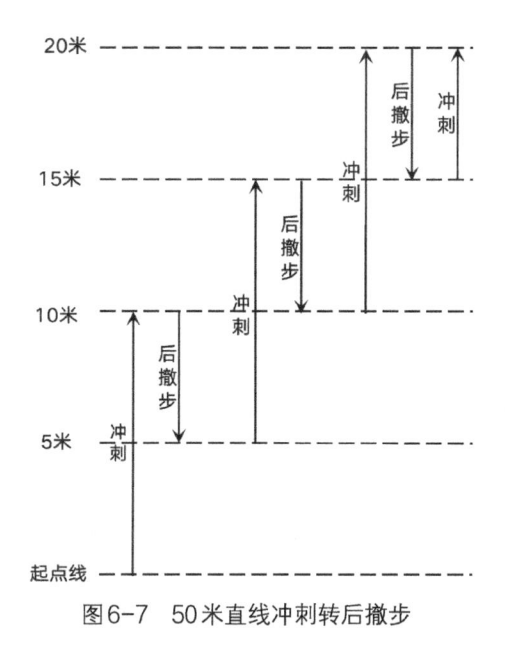

图6-7　50米直线冲刺转后撤步

七、后撤步+高抬腿+冲刺

训练目的

该训练旨在发展练习者的变向和步法转换能力。

训练方法

1. 练习者以两点式背对起点线准备。

2. 快速后撤步15米。

3. 制动后双脚站稳，以快速高抬腿的方式前进5米。

4. 冲刺10米。

5. 重复上述步骤3次。

提示

1. 尽可能缩短步法转换的时间，保持流畅、连贯。

2. 冲刺时强调爆发力和速度，以及不同步法正确的姿势和技术。（见图6-8）

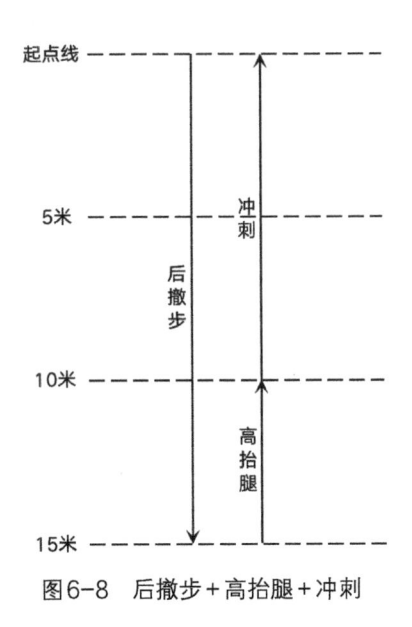

图 6-8　后撤步 + 高抬腿 + 冲刺

八、后撤步 + 转身 135 度冲刺 + 转身 90 度冲刺

训练目的

该训练旨在发展练习者的变向、反应和转身后加速能力。

训练方法

1. 练习者以两点式背对起点线准备。

2. 后撤步 10 米，到达标志线。

3. 转身 135 度，向前冲刺 10 米。

4. 向相反方向转身 90 度，向前冲刺 10 米。

提示

1. 尽可能缩短步法、方向转换的时间，保持流畅、连贯。

2. 冲刺时强调爆发力和速度，以及不同步法正确的姿势和技术。（见图 6-9）

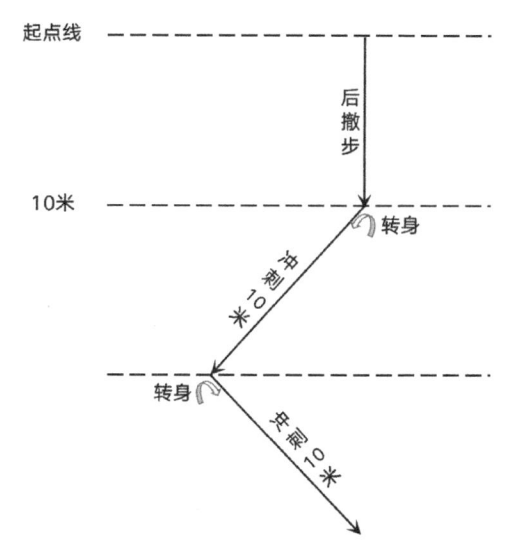

图6-9　后撤步+转身135度冲刺+转身90度冲刺

九、绳梯·进进出出

训练目的

该训练旨在发展练习者的灵敏性、平衡性、协调性和反应能力。

训练方法

1.练习者以直立姿势面向绳梯起点准备。

2.左脚踏入第一方格；右脚迅速跟进，同样踏入第一方格。

3.左脚踏到第一方格左侧；右脚快速跟进，踏到第一方格右侧。

4.以此方式逐一踏入、踏出所有方格，直至完成绳梯。

提示

1.落脚应迅速，落点应清晰，且确保落点在绳梯的方格内，并快速向前方移动。

2.可以左脚开始或以右脚开始，并重复此训练。

进阶练习

可以向后移动的方式进行此训练。（见图6-10）

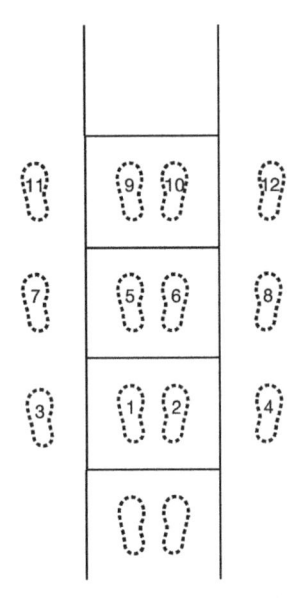

图6-10 绳梯·进进出出

十、绳梯·马蹄双垫步

训练目的

该训练旨在发展练习者的侧向移动能力、灵敏性和协调性。

训练方法

1. 练习者以直立姿势在绳梯起点右侧准备。

2. 左脚踏入第一方格；右脚跟进，同样踏入第一方格。

3. 左脚踏到第一方格左侧，右脚跟出；左脚再向左侧踏一步。

4. 以右脚开始，重复前面两个步骤。

5. 以此方式逐一踏入、踏出所有方格，直至完成绳梯。

提示

训练过程中应注意掌握脚步节奏，落点应清晰。

进阶练习

以向后移动的方式进行此训练。（见图6-11）

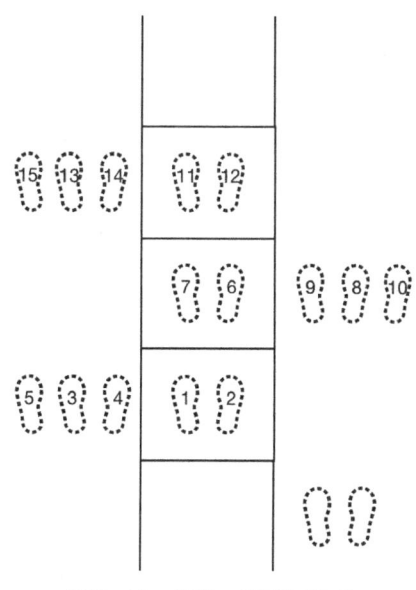

图 6-11　绳梯·马蹄双垫步

十一、绳梯·快跑+口令冲刺

训练目的

该训练旨在发展练习者的协调性、灵敏反应能力和不同动作模式的过渡。

训练方法

1. 练习者以直立姿势面向绳梯起点准备。

2. 以右脚开始为例，重心前移。右脚迅速踏入第一方格踩一次，左脚迅速跟进，同样踏入第一方格，即每个方格踩两次。

3. 完成绳梯时，教练立即给予方向指令。

4. 练习者迅速向前或左、右冲刺15米。

提示

1. 落脚应迅速，落点应清晰，且确保落点在绳梯的方格内。

2. 时刻保持注意力集中，以迅速对指令做出反应。（见图6-12）

图6-12 绳梯·快跑+口令冲刺

十二、标志桶·三角形急转弯灵敏跑

训练目的
该训练旨在提高运练习者的步法速度、灵敏性及快速变向能力。
训练方法
1. 将3个标志桶摆放成三角形，每个直角边长5米。
2. 练习者选择其中一个标志桶，以两点式准备。
3. 向前冲刺5米至1号标志桶，迅速右侧急转弯绕过该标志桶。
4. 冲刺至2号标志桶，接着左侧急转弯绕过该标志桶。
5. 向起点位置冲刺5米，完成此训练。
提示
进行急转弯时注意保持身体姿势和稳定性。（见图6-13）

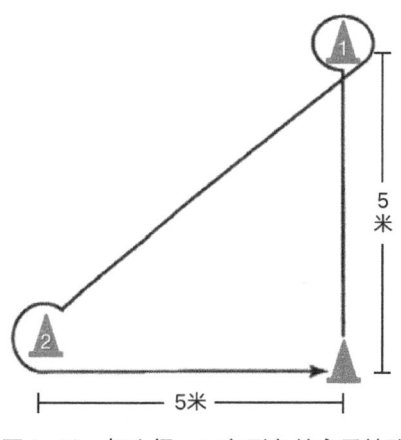

图6-13　标志桶·三角形急转弯灵敏跑

十三、标志桶·"X"形冲刺转后撤步

训练目的
该训练旨在发展练习者的快速变向和步法转换能力。

训练方法
1. 将4个标志桶编号为1、2、3、4，摆放成边长为10米的正方形。
2. 练习者以两点式在1号标志桶位置准备。
3. 冲刺10米至2号标志桶。
4. 斜对角线后撤步至3号标志桶。
5. 冲刺10米至4号标志桶。
6. 斜对角线后撤步返回至1号标志桶，完成此训练。

提示
1. 冲刺时强调爆发力和速度，以及不同步法正确的姿势和技术。
2. 尽可能缩短步法转换的时间，保持流畅、连贯。（见图6-14）

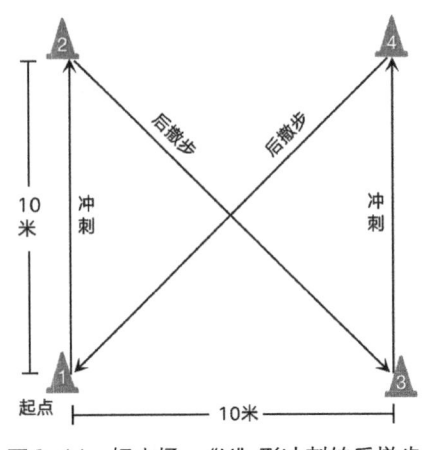

图6-14 标志桶·"X"形冲刺转后撤步

十四、标志桶·加速减速跑

训练目的

该训练旨在发展练习者的直线快速加速和减速能力。

训练方法

1. 将5个标志桶横向摆放成一排，每个标志桶之间的距离为15米。
2. 练习者在1号标志桶位置准备，迅速启动，全力冲刺。
3. 在3号标志桶位置努力跑出最快速度（尝试达到极限速度）。
4. 在4号标志桶位置降低速度，但尽量保持步频。

提示

保持整个训练过程流畅、连贯，以最短时间完成。（见图6-15）

图6-15 标志桶·加速减速跑

十五、标志桶·冲刺+滑步+后撤步+冲刺

训练目的
该训练旨在发展练习者的直线加速、减速，变向和步法能力。

训练方法
1. 将1—4号标志桶摆放成边长为10米的正方形，将5号标志桶摆放在3号标志桶右侧。
2. 练习者以两点式在1号标志桶位置准备，冲刺10米至2号标志桶。
3. 左脚蹬地，向右侧滑步10米至3号标志桶。
4. 在3号标志桶位置后撤步10米至4号标志桶。
5. 在4号标志桶位置以左脚支撑，以45度角向5号标志桶冲刺。

提示
保持整个训练过程流畅、连贯，以最短时间完成。（见图6-16）

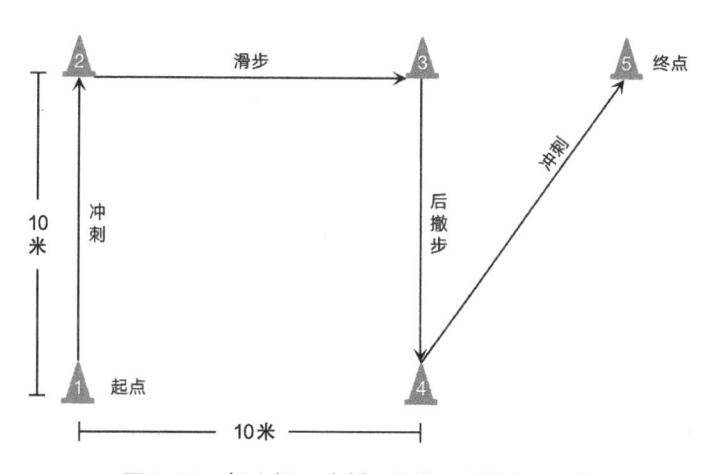

图6-16 标志桶·冲刺+滑步+后撤步+冲刺

十六、标志桶·"S"形跑动

训练目的
该训练旨在综合发展练习者的脚步反应能力和快速变向冲刺能力。

训练方法
1. 将1—4号标志桶如图6-17所示摆放，1号、2号标志桶在横向上相距5米，在纵向上相距10米，3号、4号标志桶如是。
2. 练习者在1号标志桶位置准备，迅速启动向2号标志桶冲刺，绕过2号标志桶后转身向3号标志桶冲刺。
3. 到达3号标志桶后绕过该桶向4号标志桶冲刺。
4. 到达4号标志桶后绕过该桶转身向起点线冲刺。

提示
保持整个训练过程流畅、连贯，以最短时间完成。

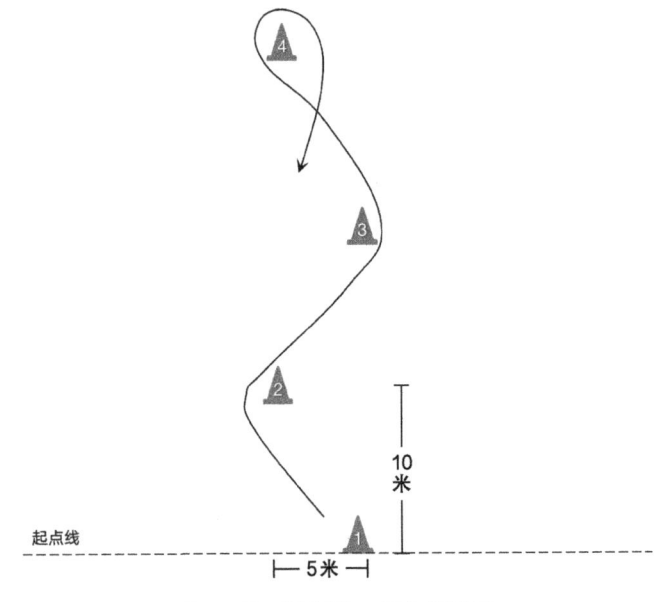

图6-17 标志桶·"S"形跑动

十七、标志桶·"W"形冲刺+侧向交叉步

训练目的

该训练旨在发展练习者的加速和急停能力。

训练方法

1.将6个标志桶横向摆放成两排,两排标志桶相距5米;将其中3个标志桶分别摆放在第一条线上的0米、10米和20米处,将另外3个标志桶分别摆放在第二条线上的5米、15米和25米处。

2.练习者以两点式在1号标志桶位置面向2号标志桶准备,快速冲刺至2号标志桶。

3.到达2号标志桶后,外侧的脚用力切入,随后以侧向交叉步到达3号标志桶。

4.重复上述步骤,通过所有标志桶。

提示

保持整个训练过程流畅、连贯,以最短时间完成。(见图6-18)

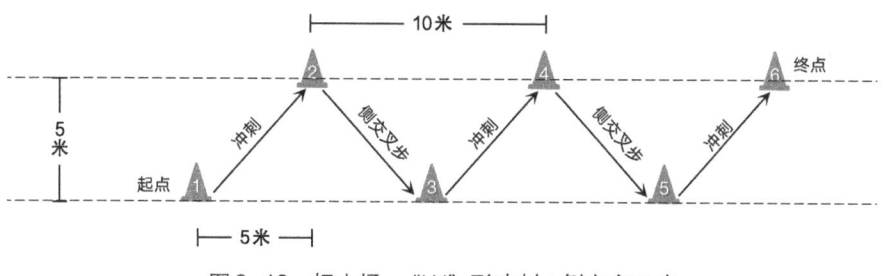

图6-18 标志桶·"W"形冲刺+侧向交叉步

十八、障碍物·穿行练习

训练目的

该训练旨在发展练习者的柔韧性、高抬腿动作和快速脚步动作。

训练方法

1. 练习者以两点式在障碍物一端外侧准备；纵向冲刺，到达该障碍物侧前方。

2. 爆发式侧滑步，横向绕过第一个障碍物，后撤步至第二个障碍物侧后方；滑步绕过第二个障碍物，纵向冲刺，到达第三个障碍物侧前方。

3. 重复上述步骤（冲刺+滑步+后撤步+滑步），直至冲过最后一个障碍物。

提示

尽可能保持身体重心稳定，不能有过大的起伏；保持动作的流畅性。（见图6-19）

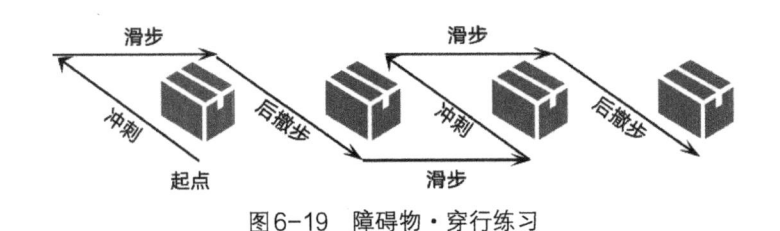

图6-19 障碍物·穿行练习

十九、自重跳箱组合·跪姿跳+侧跨跳+跳箱

训练目的

该训练旨在发展练习者横向移动的伸髋爆发力和调整身体姿势的能力。

训练方法

1. 在练习者斜前方摆放一个跳箱。

2. 练习者双膝跪地准备，快速摆臂带动身体跳起。

3. 横向跨一步，双脚落地。

4. 跳上跳箱。

提示

1. 保持整个训练过程流畅、连贯。

2.以最大爆发力完成所有动作。(见图6-20)

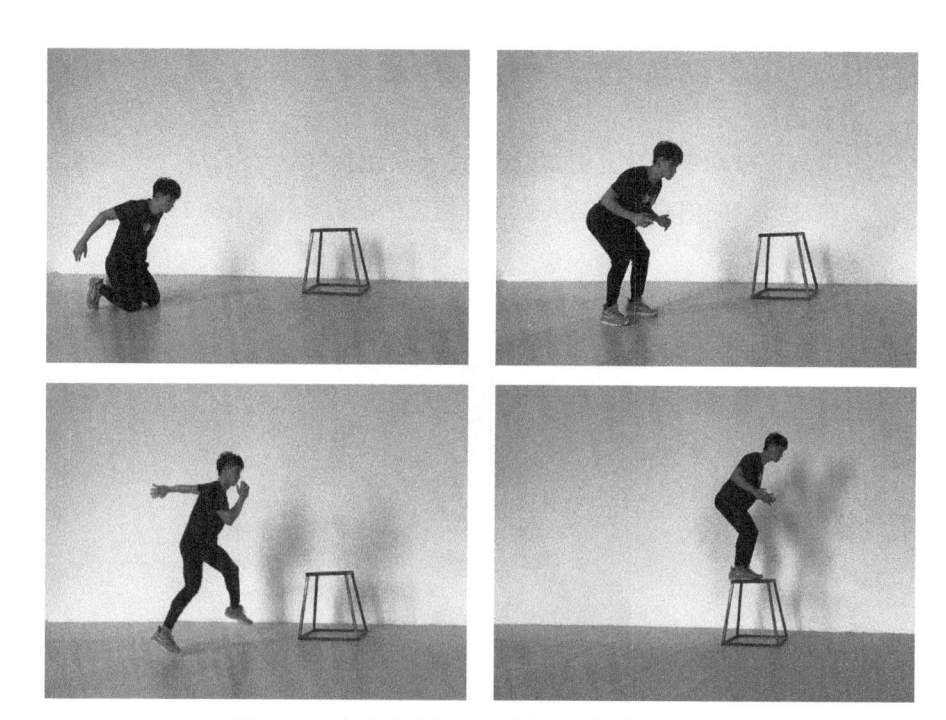

图6-20　自重跳箱组合·跪姿跳+侧跨跳+跳箱

二十、口令·推墙提膝

训练目的
该训练旨在强化练习者正确的冲刺动作模式,特别是加速提膝的过程。
训练方法
1.练习者面向墙壁,以双脚前脚掌撑地站立;以双臂支撑身体,以45—60度角靠向墙壁。

2.保持身体直立并收紧;抬起一条腿,大腿大致平行于地面,踝关节保持背屈状态。

3.快速换腿并提膝,抬起的小腿应与支撑腿保持平行。

4.教练发出口令。练习者完成1—2组交替提膝,每组进行8—10次。

提示

尽力保持正确的身体姿势,避免弓背或圆肩。

进阶练习

1.增加提膝动作数量,例如连续做3—4组提膝。

2.改变口令的内容,提高大脑处理信息的能力。(见图6-21)

图6-21　口令·推墙提膝

二十一、口令·冲刺+变向

训练目的

该训练旨在提高练习者的反应速度和多方向移动速度。

训练方法

1.练习者以两点式准备,向前冲刺。

2.教练随机发出方向指令(口令或视觉指令)。练习者迅速变向,向相应的方向继续冲刺。

提示

全速行进并集中注意力,以最快速度转换步法。

进阶练习

1.结合多种方向、角度、移动方式或步法进行练习。

2.每次变向前完成一次快速伸缩复合练习（如团身跳、弓步跳、爆发式俯卧撑等）。（见图6-22）

图6-22　口令·冲刺+变向

二十二、口令·折返冲刺

训练目的

该训练旨在提高练习者的启动速度、加速和减速能力。

训练方法

1.将两个标志桶相隔20米摆放。练习者在其中一个标志桶的位置准备。

2.教练发出口令"1"时，练习者在两个标志桶之间来回慢跑，速度约为60%。

3.教练发出口令"2"时，练习者加速到75%—80%。

4.教练发出口令"3"时，练习者进行全速冲刺。

提示

教练应随机发出口令，使指令顺序无规律。（见图6-23）

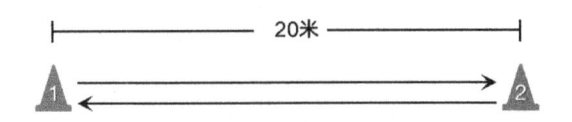

图6-23 口令·折返冲刺

二十三、实心球·高抛

训练目的

该训练旨在发展练习者的全身伸展能力和爆发力,提高其反应速度。

训练方法

1.练习者以直立姿势面向墙壁,双脚开立,与肩同宽;双手持实心球准备。

2.屈髋、屈膝,双臂下落,身体前倾。

3.快速爆发式伸髋、伸膝,双臂上抬,向前、向上抛出实心球至墙壁。

4.接球,重复上述步骤,完成此训练。

提示

1.双臂下落和上抬时始终保持背部、核心收紧,传导至手臂最大爆发力。

2.双脚爆发式蹬地,以达到最快动作速度。

进阶练习

1.背对墙壁,向后抛球。

2.完成一次立定跳远后衔接一次实心球高抛。(见图6-24)

图6-24 实心球·高抛

二十四、实心球·头上抛球

训练目的

该训练旨在增强练习者投掷和过头活动的爆发力。

训练方法

1.练习者以直立姿势面向墙壁,双脚开立,与肩同宽;双手持实心球上举,屈肘在头部后方准备。

2.双手快速向前、向上抛出实心球至墙壁。

3.双手接球,返回至起始姿势;重复此训练。

提示

身体始终保持挺直,抛球时核心收紧,传导至手臂最大爆发力。

进阶练习

1.在每次抛球前一只脚向前迈出一步,以单腿跪姿进行后抛球。

2.以单臂、单脚或单侧的方式进行此训练。(见图6-25)

图6-25 实心球·头上抛球

二十五、双人滑步+追逐

训练目的

该训练旨在提高练习者的反应灵敏性和移动速度。

训练方法

1.练习者双脚开立，与肩同宽，屈髋、屈膝准备。

2.向一侧滑步，搭档在行进侧提供阻力。

3.行进至一定距离后，搭档放手，同时转身冲刺，练习者迅速追逐搭档。

提示

练习者和搭档应时刻保持注意力集中，以迅速做出反应。（见图6-26）

图 6-26　双人滑步+追逐

二十六、阻挡牵制

训练目的
该训练旨在发展练习者的反应灵敏性和多方向移动能力。

训练方法
1. 将4个标志桶摆放成一块宽度为20米，长度为80米的区域。
2. 练习者站在底线处准备，3个或4个搭档排成一横排面对练习者。
3. 练习者冲刺，尝试突破搭档的防线。
4. 搭档以后撤步或侧向移动调整位置，阻挡练习者。

提示
练习者和搭档应及时预判对方的行动并做出反应，以成功完成此训练。
（见图6-27）

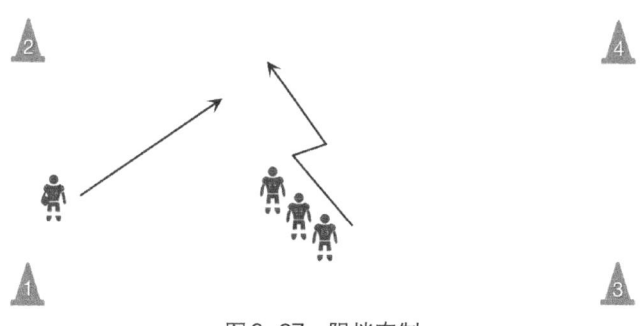

图6-27　阻挡牵制

二十七、间隙练习

训练目的

该训练旨在发展练习者寻找突破点的能力。

训练方法

1.将4个标志桶横向摆放成一排，每个标志桶之间的距离为1米；将3个间隙编号为1、2、3。练习者站在距这排标志桶10米的位置面向标志桶准备。

2.训练开始后，练习者向前冲刺。

3.练习者跑到5米或8米的标记时，教练随机喊出间隔的编号，练习者快速冲刺至对应位置。

提示

练习者应时刻保持专注和敏锐的听觉，以迅速响应信号和指令。

进阶练习

1.增加标志桶的数量和间隔，以增加难度。

2.可根据需要加入更多复杂的指令和变化。（见图6-28）

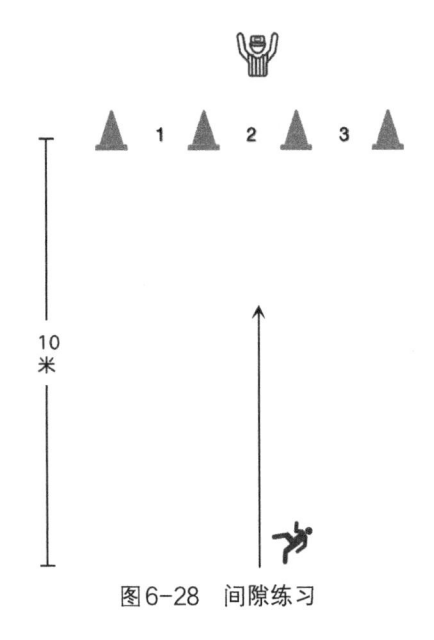

图6-28　间隙练习

第七章

乒乓球项目的灵敏移动练习方法

第一节　乒乓球运动的项目特征

乒乓球运动是一项对场地要求不是很严格的运动，相较于足球、篮球、橄榄球等大球项目没有直接的身体对抗，场地面积也较同为隔网对抗类项目的网球和羽毛球小。乒乓球运动员的活动范围小，但这项运动强调更快的回合速度，对运动员的技术水平和反应灵敏性要求极高。

一、刺激速度

在球拍运动中跟踪球的运动（需要视觉准确性），预测球的到来，并最终将球击向对方场地是非常重要的。特别是在需要精确接球或击球的运动中，这种感知能力可以说是有助于成功表现的主要因素。有研究针对乒乓球、羽毛球、网球运动员各30名，使用了协调—预期计时来测试其手眼协调性及对其视觉准确性的预期，低、中、高、三种不同的刺激速度被用来模拟这些球拍运动的速度要求。结果表明：网球运动员在低刺激速度下的准确性更高；羽毛球运动员在中等刺激速度下的表现更好；而在高刺激速度下，乒乓球运动员的运动成绩优于网球和羽毛球运动员。另一项研究只对网球和乒乓球运动员做了协调—预期计时测试，结果表明，网球运动员表现出更少的决策错误，乒乓球运动员做决策的时间更短，且男子运动员比女子运动员表现出更高的准确性。这可能由于乒乓球球桌面积更小，击球后返回初始位置的速度更快，运动员的准备时间更短。

二、手眼协调

乒乓球运动作为一项精细运动，对选手的手眼协调能力要求极高。荷兰乒乓球协会的人才选拔测试主要通过手眼协调、控球、协调、速度、无氧力量及灵敏素质测试来选拔6—12岁的青年运动员。有学者研究指出，出色的感知运动技能是乒乓球运动员发展过人的技术和战术的必要条件。一位学者在一项持续9年的乒乓球运动员队列研究中使用感知运动技能测试来评估运动员的反应及决策能力。多水平回归分析表明，更高水平的控球与更高的比赛表现相关，其中，手眼协调能力和瞄准目标能力至关重要。在乒乓球比赛中，选手需要时刻注视对方的球拍、球，以及地面，迅速地判断球拍的运行轨迹和球的运动状态，然后做出相应的反应。眼睛的快速反应能力和准确性对于乒乓球运动所需的手眼协调性极为重要。而在做不同的击球动作时，乒乓球选手需要根据球拍的握法和击球点来确定击球力度和旋转制造点。手的控制和执行能力与眼睛的反应和判断能力形成了乒乓球选手高效的手眼协调能力。在进行乒乓球专项练习及体能训练时，需要通过各种形式的训练来发展手眼协调能力，包括球拍挥动训练、目视反应训练、双手协调训练等。这些训练可以进一步提高眼睛的反应能力和手的控制能力，提高比赛中攻防的反应速度。

三、灵敏素质需求

乒乓球场地面积远小于网球及羽毛球场地，网球、羽毛球运动员的变向能力受移动速度影响较大，而乒乓球运动员的变向能力受反应速度的影响更大，且反应速度对乒乓球运动员变向能力的影响明显大于移动速度对网球和羽毛球运动员变向能力的影响。此外，快速判断能力是乒乓球运动中快速移动的前提。首先应该养成在移动之前盯球的习惯，要时刻观察对方球拍击球的瞬间动作和球的运行方向，以此来判断来球的落点，在对方出手时迅速移动到最合适的位置。如果盯不住球，就无法准确判断来球的线路，启动的速度就会受到影响，跑动的速度再快，也无法跑到最佳的击球位置。世界顶级选手之所以能够轻松、自如地应对快速的来球，就是因为他们能够在第一时间判断来球的线路和落点，提前启动步法，在最短的时间内移动到最佳的击球位置。

在乒乓球训练及比赛中，运动员不需要做过多的变向动作，步伐基本是在前、后、左、右四个方向进行的，身高和体重对优秀运动员改变方向的能力影响较小。乒乓球运动员在比赛中全身性的转体动作很少，脚的移动范围基本在球台重心位置前、后、左、右3米之内。有研究对乒乓球运动员进行了下肢移动速度的训练干预，在干预后，运动员的灵敏素质和协调能力显著提高，尤其脚前、后、左、右移动的速度提高明显，运动员身体控制球台的范围增大，回球的速度和质量提高。

第二节　乒乓球运动的动作特征

乒乓球运动作为典型的隔网对抗项目，高质量的动作模式离不开适宜的握拍姿势与步法的结合。要在比赛中发挥出高水平，就要熟悉其动作模式，掌握握拍和击球的多种基础及进阶动作、乒乓球专项所需的各种步法，专项训练计划的设计也要体现出更强的专项性和针对性。

一、握拍

直拍和横拍是乒乓球运动员经常使用的两种基本的击球方式，良好的握拍方式对技术的稳定性和准确性有着至关重要的影响。在比赛中，合理的握拍方式和技巧是乒乓球运动员获取比赛优势和获胜的关键因素，运动员需要通过不断的实践提升技术水平，全面掌握握拍技巧。

采用直拍握拍方式应尽可能保证握拍的稳定性和握拍点的准确性。直拍握拍即将球拍垂直于地面，以食指和中指紧握拍柄的底端，形成支点，大拇指靠在拍柄上方，呈鱼眼状，小指和无名指紧握拍柄的一侧，保证拍柄不会滑动。直拍握拍方式对手腕力量的要求比较高，需要通过不断的练习和肌肉训练来增强抓握的力量和技术的稳定性，避免过度紧握导致用力不正，影响击球的准确性。

横拍握拍方式则表现为将球拍平行于地面，掌心朝下，球拍底部朝上，食指和大拇指捏住拍柄的底部，中指和无名指指尖压在另一侧，小指自然弯曲，并沿拍柄自然伸展，保证握拍稳定。横拍握拍和直拍握拍方式的不同体现在拍柄和手指的位置上。横拍握拍讲究的是控制力度和速度，尤其是侧旋球的回球，所以手指要保持松散状态，以便产生足够的弹力和速度，实现球的反弹和速度转换。横拍握拍同时注重侧移时握拍的平衡，以及移动后的位置判断、手腕的力量等。

无论采用哪种握法，握拍都不应过紧或过松。过紧会导致手腕僵硬，影响发力时的手腕动作；过松则会影响击球力量和击球准确度。对于不同的运动选手和技术风格，完美的握拍方式应该针对个人的特点和使用习惯来进行训练，应注重手部和腕部的力量等方面的练习，培养运动员的专业技术风格和个人风格。

二、步法结合

乒乓球运动中的步法主要体现为采用合理的站立和移动姿势，结合移动在尽可能合理的位置击球，以控制比赛的节奏和方向，提升攻防效果。具体来说，主要步法包括单步、跨步、并步、跳步及交叉步。

单步表现为以一只脚为轴，另一只脚向前、后、左、右不同方向移动,身体重心落在移动脚上,在接近网小球、削追身球或对搓中提拉球中较为常用。跨步则表现为在一只脚蹬地后,另一只脚向移动方向跨出一步,蹬地脚随后跟上半步或一小步,重心转移到跨步脚上,常用于近台快攻稍远击球、削球时左右移动击球等。并步及跳步常用于快攻选手左右移动击球,或侧身攻和拉。其中跳步常与跨步结合起来使用。并步即一只脚先向另一只脚并半步或一小步,另一只脚在并步脚落地后随即向来球方向移动一步。跳步则是通过来球异侧脚用力蹬地,进而双脚同时蹬地靠近来球方向。交叉步在乒乓球比赛中可应用于快攻或弧圈打法侧身攻、拉后扑右角空当、走动中拉削球或削球打法接短球等,主要以靠近来球方向的脚作为支撑脚,调整脚尖方向,异侧脚在体前交叉并向前跨出一大步,身体向来球方向转动,完成前交叉步(后交叉步则向后退一步)。

步法的合理使用对于乒乓球运动员至关重要。尽管乒乓球桌的面积相较于羽毛球场、网球场更小。运动员不需要过大幅度地迈步或在同一方向持续冲刺,却需要连续、快速地进行左右、前后冲刺。教练在为运动员设计步法练习时应以连续的变向步法为主,注重多类型、多方向结合。

第三节　乒乓球项目灵敏移动练习动作及进阶

一、单脚斜向跳

训练目的

该训练旨在发展练习者的灵敏性、平衡性、腿部力量和下肢关节的刚性。

训练方法

1. 练习者单脚站在20米线的一侧准备。
2. 单脚向斜前方跳过这条线;不换脚,接着向另一侧斜前方跳跃。

3.以此方式跳跃到10米处；不停顿，立即换脚，以相同的方式跳跃至终点。

提示

保持整个训练过程的连贯性，非动力脚不落地。（见图7-1）

图7-1　单脚斜向跳

二、30米"T"形练习

训练目的

该训练旨在发展练习者的灵敏性和步法转换能力。

训练方法

1.练习者以两点式在起点准备。

2.向前冲刺5米，到达标记点。

3.向右侧滑步5米，用右手触碰右侧标志线。

4.向左侧滑步10米，用左手触碰左侧标志线。

5.滑步5米返回至标记点，用任意一只脚触碰标记点。

6.后撤步5米越过起点，完成此训练。

提示

1.尽可能缩短步法转换的时间，保持流畅、连贯。

2.可选择反向路线进行此训练。（见图7-2）

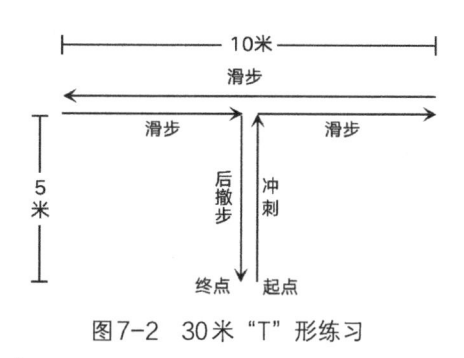

图7-2　30米"T"形练习

三、绳梯·双脚侧向移动跑

训练目的

该训练旨在发展练习者的侧向移动能力、协调性和速度控制能力。

训练方法

1.练习者以直立姿势侧对绳梯起点准备。

2.以右脚开始为例，右脚踏入第一方格，左脚迅速跟进，同样踏入第一方格；以此方式继续行进，直至完成绳梯。

提示

1.训练过程中双脚不能交叉踏步。

2.落脚应迅速，落点应清晰，且确保落点在绳梯的方格内。

3.可以左脚开始或以右脚开始。

进阶练习

可以高抬腿的方式跑动，并重复此训练。（见图7-3）

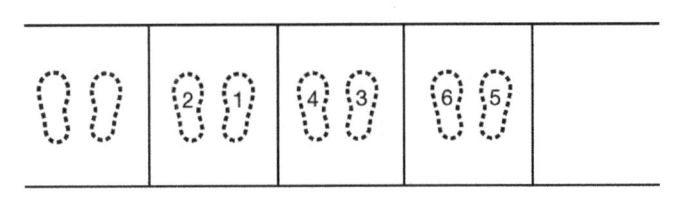

图7-3 绳梯·双脚侧向移动跑

四、绳梯·Zigzag"之"字形跳

训练目的

该训练旨在发展练习者的灵敏性、爆发力和协调性。

训练方法

1.练习者以直立姿势在绳梯起点左侧准备。

2.双脚跳起,踏入第一方格;随后再次跳起,落在方格右侧。

3.双脚向斜前方跳起,踏入第二方格;随后再次跳起,落在该方格顶端左侧。

4.以此方式逐一踏入、踏出所有方格,直至完成绳梯。

提示

1.整个路线呈"之"字形,且双脚应同时落地。

2.可以左侧开始或以右侧开始。

进阶练习

可以单脚踏入、踏出或高抬腿的方式增加难度,并重复此训练。(见图7-4)

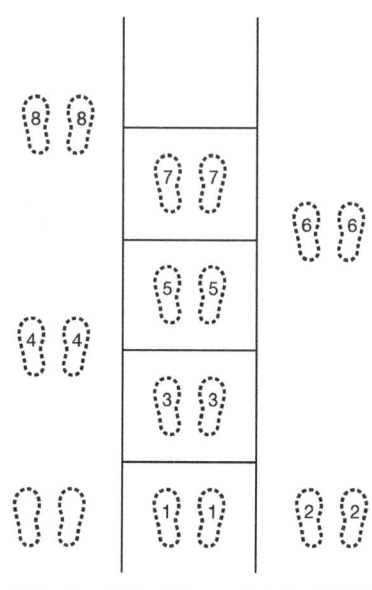

图7-4 绳梯·Zigzag"之"字形跳

五、绳梯·交叉步

训练目的

该训练旨在发展练习者的脚步协调性，以及外展肌群和内收肌群的柔韧性。

训练方法

1.练习者以直立姿势在绳梯起点右侧准备。

2.右脚向左斜前方踏入绳梯，与左脚交叉，落在第一方格内。

3.左脚移动至第一方格外侧，以前脚掌点地；右脚跟出。

4.以此方式继续行进，直至完成绳梯。

提示

训练过程中应注意掌握脚步节奏，落点要清晰。

进阶练习

1.可以前、后交叉步结合的行进方式进行此训练。

2.可以向后移动的方式进行此训练。（见图7-5）

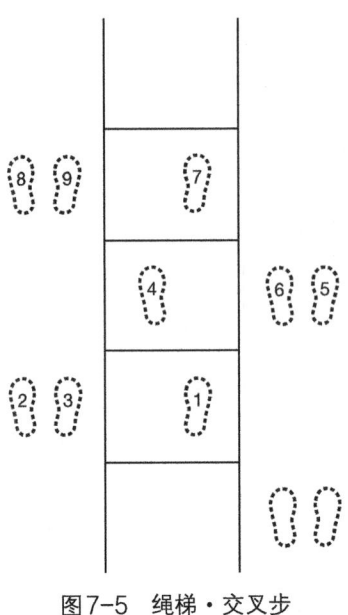

图7-5 绳梯·交叉步

六、绳梯·阿里步

训练目的
该训练旨在发展练习者的侧向移动能力、爆发力和脚步协调性。
训练方法
1.练习者以直立姿势面向绳梯的第一方格准备。
2.左脚踏入第一方格；右脚侧向移动，不进入方格。
3.双脚跳起，右脚踏入第二方格，左脚落在第二方格外。
4.以此方式继续行进，直至完成绳梯。
提示
可从绳梯两端开始训练，注意轮换双脚。（见图7-6）

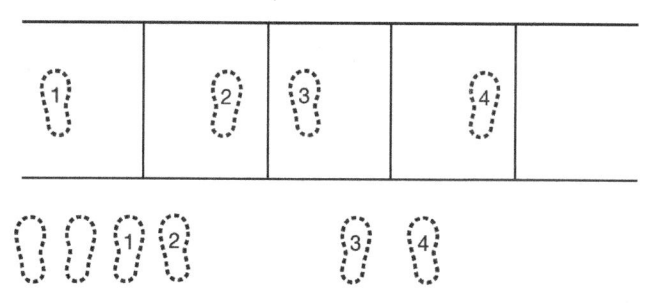

图7-6　绳梯·阿里步

七、绳梯·单腿跳+抛接球

训练目的
该训练旨在发展练习者的下肢弹性、手眼协调能力，提高其反应速度。

训练方法
1.练习者单脚依次向前跳跃，踏入绳梯的每一个方格。
2.跳跃过程中，教练在绳梯外抛球，练习者接球并抛回给教练。
3.重复抛接，直至完成绳梯。

提示
1.左、右脚交替进行，在跳跃过程中强调短触地时长。
2.训练过程中尽量目视前方，并确保准确完成抛接。

进阶练习
可以向后跳跃的方式进行此训练。（见图7-7）

图7-7　绳梯·单腿跳+抛接球

八、绳梯·侧向单腿跳+抛接球

训练目的

该训练旨在发展练习者的下肢弹性、手眼协调能力,提高其反应速度。

训练方法

1. 练习者单脚依次横向跳跃,踏入绳梯的每一个方格。
2. 跳跃过程中,教练在绳梯外抛球,练习者接球并抛回给教练。
3. 重复抛接,直至完成绳梯。

提示

1. 左、右脚交替进行,在跳跃过程中强调短触地时长。
2. 训练过程中尽量目视前方,并确保准确完成抛接。(见图7-8)

图7-8 绳梯·侧向单腿跳+抛接球

九、绳梯·马蹄步+抛接球

训练目的

该训练旨在提高练习者的反应速度,发展其场地空间感觉、肢体对视觉或听觉刺激的反应、动作灵敏性和整体运动能力。

训练方法

1. 练习者以直立姿势在绳梯起点右侧准备。
2. 左脚踏入第一方格;右脚跟进,同样踏入第一方格。

3.左脚踏出方格，落在第一方格左侧。

4.右脚踏入第二方格；左脚跟进，同样踏入第二方格。

5.右脚踏出方格，落在第二方格右侧。

6.以此方式继续行进。

7.跳跃过程中，教练在绳梯外抛球，练习者接球并抛回给教练。

8.重复抛接，直至完成绳梯。

提示

1.训练过程中应注意掌握脚步节奏，落点要清晰。

2.训练过程中尽量目视前方，并确保准确完成抛接。

进阶练习

可以向后移动的方式进行此训练。（见图7-9）

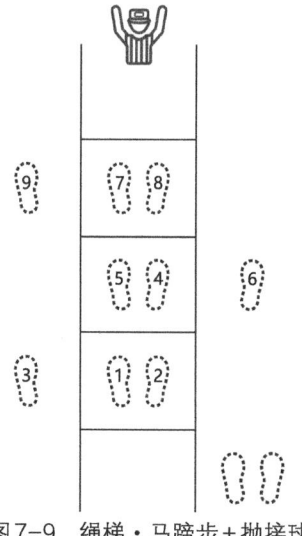

图7-9　绳梯·马蹄步+抛接球

十、标志桶·菱形滑步

训练目的

该训练旨在发展练习者的横向加速、急停能力，以及低重心运动能力。

训练方法

1.将4个标志桶编号为1、2、3、4，摆放成边长为8米的正方形；在中间摆放一个标志桶，编号为5。

2.练习者从5号标志桶位置开始，保持低重心、屈髋、屈膝、背部平直、眼睛向前看的姿势，滑步至1号标志桶，随后滑步返回至5号标志桶。

3.依次滑步至2号、3号、4号标志桶并返回至5号标志桶。

提示

保持整个训练过程流畅、连贯，以最短时间完成。（见图7-10）

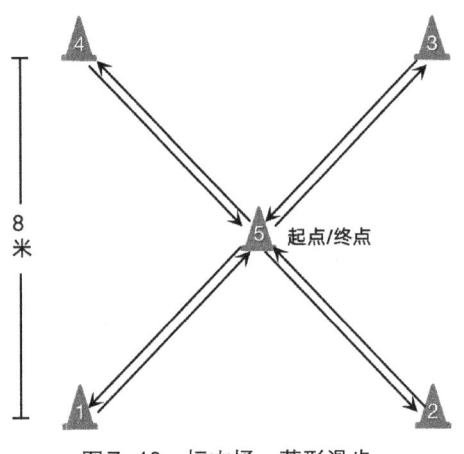

图7-10 标志桶·菱形滑步

十一、标志盘·"M"形练习

训练目的

该训练旨在发展练习者在小范围内多方向变向的能力。

训练方法

1. 将5个标志盘编号为1—5,摆放成"X"形,中间为1号,左上角为2号,右上角为3号,左下角为4号,右下角为5号;2号、3号、4号、5号标志盘之间的距离为1米。

2. 练习者在1号标志盘位置准备。

3. 以小碎步完成4—2—1—3—5和反向5—3—1—2—4路线,重复至既定次数。

提示

1. 每组训练过程中应面向同一方向。

2. 加快步法速度,变向时及时调整身体重心,保持动作的流畅性。

进阶练习

可以不同的步法或结合专项技能进行此训练。(见图7-11)

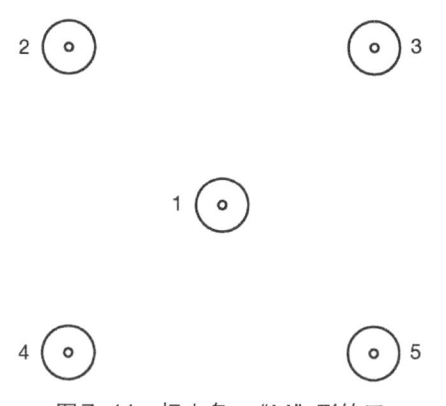

图7-11 标志盘·"M"形练习

十二、障碍物·"之"字形滑步

训练目的

该训练旨在发展练习者的脚步协调性,以及髋关节快速外展、内收能力。

训练方法

1.将障碍物横向交叉错开摆放成两排,每个障碍物之间的距离在1米之内。

2.练习者以两点式在第一个障碍物一端面对障碍物准备;以对角线斜滑步前进,越过第一个障碍物。

3.变换方向,对角线滑步至第二个障碍物一端;以此方式通过所有障碍物。

提示

尽可能保持身体重心稳定,不能有过大的起伏;保持动作的流畅性。(见图7-12)

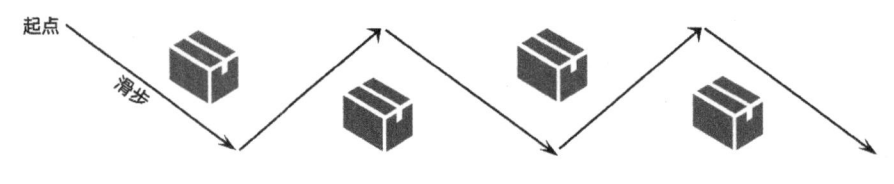

图7-12 障碍物·"之"字形滑步

十三、障碍物·横向跨步

训练目的

该训练旨在提高练习者的髋关节灵活性和脚步移动频率。

训练方法

1.将障碍物横向摆放成一排,每个障碍物之间的距离在1米之内。

2.练习者以两点式准备,高抬腿朝一个方向横向跨过障碍物。以最靠近障碍物的脚跨过障碍物,随后以另一只脚跨过障碍物。

提示

跨步移动时应尽可能加快速度,踝关节保持背屈状态。(见图7-13)

图7-13 障碍物·横向跨步

十四、障碍物·横向跨步+垫步

训练目的

该训练旨在提高练习者的髋关节灵活性和脚步移动频率。

训练方法

1.将障碍物横向摆放成一排,每个障碍物之间的距离为1.5米。

2.练习者以两点式准备,高抬腿横向移动,在每个障碍物之间做一次垫步。

提示

跨步移动时应尽可能加快速度,踝关节保持背屈状态。(见图7-14)

图7-14 障碍物·横向跨步+垫步

十五、栏架·高抬腿跑

训练目的

该训练旨在发展练习者的下肢快速蹬伸能力,以及屈髋、屈膝能力。

训练方法

1.将栏架竖向摆放成一排。

2.练习者以两点式在第一个栏架后准备。

3.以高抬腿跑的方式依次通过所有栏架,完成此训练。

提示

1.可一步或两步跑过每个栏架,也可在栏架尽头变向进行折返练习。

2.跑动过程中应快速提膝并摆臂。

进阶练习

可以后退的方式进行此训练。（见图7-15）

图7-15　栏架·高抬腿跑

十六、栏架·单脚侧向连续跳

训练目的

该训练旨在发展练习者的单腿侧向跳跃能力和下肢关节刚性。

训练方法

1.将栏架竖向摆放成一排。

2.练习者单脚站立，双臂在身体两侧，屈髋、屈膝在第一个栏架侧面准备。

3.单脚跳起，横向依次跃过所有栏架，完成此训练。

提示

1.可以左侧或右侧行进进行此训练。

2.落地时应注意缓冲；膝盖、脚尖朝前，避免内扣。

3.选择适宜高度的栏架进行此训练。（见图7-16）

图7-16 栏架·单脚侧向连续跳

十七、栏架·正方形单脚跳

训练目的

该训练旨在发展练习者的不同方向单腿连续跳跃能力和本体感受能力，以在运动中精准判断运动位置。

训练方法

1. 将4个栏架摆放成正方形。

2. 练习者单脚站立，双臂在身体两侧，屈髋、屈膝面向一个栏架准备。

3. 单脚跳起，跃过面前的栏架，落在正方形中间位置。

4. 再次单脚跳起，并转身90度跃过下一个栏架。

5. 重复上述步骤，直至完成此训练。

提示

1.可顺时针或逆时针跳跃。

2.落地时应注意缓冲；膝盖、脚尖朝前，避免内扣。

3.选择适宜高度的栏架进行此训练。（见图7-17）

图7-17　栏架·正方形单脚跳

十八、栏架·"L"形单脚跳

训练目的

该训练旨在发展练习者单腿向前跳跃与横向跳跃衔接的能力。

训练方法

1.将2个栏架摆放成"L"形。

2.练习者单脚站立，双臂在身体两侧，屈髋、屈膝在横向栏架后准备。

3.单脚跳起，跃过面前的栏架。

4.再次单脚跳起，侧向跃过侧面的栏架。

5.以相同路线返回，并重复此训练。

提示

1.落地时应注意缓冲；膝盖、脚尖朝前，避免内扣。

2.选择适宜高度的栏架进行此训练。（见图7-18）

图7-18　栏架·"L"形单脚跳

十九、栏架·不规则单脚跳

训练目的

该训练旨在发展练习者的不同方向连续单脚跳跃能力和本体感受能力。

训练方法

1.将栏架以任意路线摆放。

2.练习者单脚站立，双臂在身体两侧，屈髋、屈膝在第一个栏架后准备。

3.单脚跳起，依次跃过所有栏架，完成此训练。

提示

1.落地时应注意缓冲；膝盖、脚尖朝前，避免内扣。

2.选择适宜高度的栏架进行此训练。

进阶练习

可以后退的方式进行此训练。(见图7-19)

图7-19　栏架·不规则单脚跳

二十、正方形格·镜像练习

训练目的

该训练旨在发展练习者的变向能力,以及观察对手的运动并做出相应反应的能力。

训练方法

1.将6个标志桶摆放成两个方形区域,每个标志桶之间的距离为5米。练习者和搭档分别站在两个区域中心准备。

2.练习者做出任意动作(如下蹲、侧滑步、跳跃、绕圈等)。

3.搭档迅速反应，做出相同动作。

提示

1.教练可随机在训练过程中发出指令，使两人交换角色。

2.练习者和搭档应时刻保持注意力集中，以迅速做出反应。（见图7-20）

图 7-20　正方形格·镜像练习

二十一、四格跳跃+附加练习

训练目的

该训练旨在发展练习者的信息处理能力和多方向移动能力。

训练方法

1.将一个方形区域平均分成4个方格，每个方格中都含有一个指定动作。练习者在1号方格位置准备。

2.双脚顺时针（1、2、3、4）连续跳跃方格，同时等待教练的指令。

3.教练发出数字指令。练习者立刻到达相应区域，完成指定动作和次数。

4.完成后继续连续跳跃，等待下一个指令。

提示

1.可根据训练目标或专项需求设定动作模式和练习次数（如上肢移

动、绕2个方格"8"字跑、速滑跳跃等）。

2.教练可在连续跳跃的过程中随机发出指令，改变练习者跳跃的方向。（见图7-21）

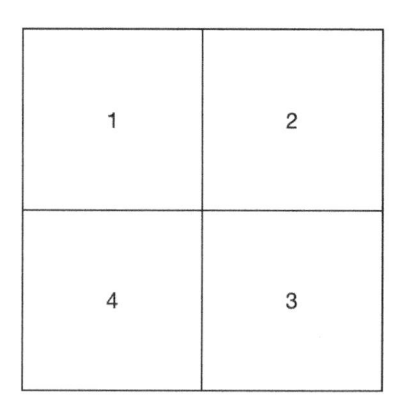

1	2
4	3

图7-21　四格跳跃＋附加练习

二十二、口令·敏捷圈跳跃

训练目的

该训练旨在发展练习者的手眼协调能力、反应灵敏性和多方向移动能力。

训练方法

1.用任意数量的敏捷圈划出训练范围，练习者在中间的敏捷圈内准备。

2.教练发出口令或视觉指令（颜色、方向或数量）。

3.练习者始终保持同一面向，迅速跳跃至相应的敏捷圈内。

提示

1.教练可使用不同组合的指令（如颜色＋数量、颜色＋方向等）。

2.练习者应时刻保持注意力集中，以迅速做出反应。

进阶练习

1. 可采用单腿跳的方式或在练习中加入附加动作。
2. 可摆放更多的敏捷圈，以双人比赛的方式进行此训练。（见图7-22）

图7-22 口令·敏捷圈跳跃

二十三、口令·视觉指示练习

训练目的

该训练旨在通过视觉提示提高练习者的反应速度。

训练方法

1. 将2个标志桶相隔10米摆放，练习者在1号标志桶位置准备，教练站在2号标志桶正前方。
2. 开始时，练习者以小碎步行进；在教练发出视觉信号时立即变向。

3.教练手臂上举,示意向前行进;手臂放下,示意向后行进;手臂前平举,示意在当前位置停止,等待下一个提示。

提示

1.在练习者行进至标志桶中间时,教练可变换信号。

2.练习者应时刻保持专注和敏锐的听觉,以迅速响应信号和指令。

3.训练过程持续8—10秒。

进阶练习

可以不同的步法进行此训练。(见图7-23)

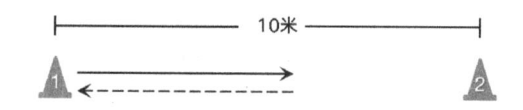

图7-23 口令·视觉指示练习

二十四、打手练习

训练目的

该训练旨在提高练习者的反应速度、上肢对视觉刺激的反应能力和动作灵敏性。

训练方法

1.练习者以直立姿势,双手在体前掌心相对,与搭档面对面准备。

2.搭档将双手放在身体两侧;迅速抬起,尝试触摸(抓住)练习者的手。

3.练习者迅速躲避。

提示

练习者应时刻保持注意力集中,以迅速躲避,避免被搭档触碰。(见图7-24)

图7-24 打手练习

二十五、抢卡片

训练目的

该训练旨在发展练习者上肢对视觉刺激的反应能力、手眼协调性和动作灵敏性。

训练方法

1.搭档手持卡片,与练习者面对面站立准备。

2.练习者尝试抢夺搭档手中的卡片。

3.搭档迅速移动,确保卡片在自己手中。

提示

练习者和搭档应及时做出反应,以完成自己的任务。(见图7-25)

图7-25 抢卡片

二十六、侧滑步反应球练习

训练目的
该训练旨在发展练习者的横向移动变换和手眼协调能力。

训练方法
1. 将2个标志桶相隔5米摆放,练习者在两个标志桶之间准备。
2. 教练站在练习者面前,向任意一个标志桶掷出反应球。
3. 练习者立即以侧滑步接球,随后将之扔回给教练。

提示
练习者应在尽可能短的时间内接住球。

进阶练习
1. 可增加两个标志桶之间的距离。
2. 教练可加快掷球速度。(见图7-26)

204 灵敏移动练习方法

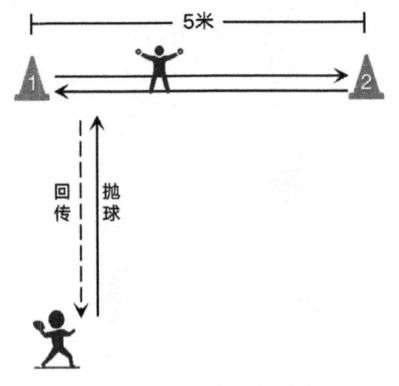

图7-26 侧滑步反应球练习

第八章

羽毛球项目的灵敏移动练习方法

第一节　羽毛球运动的项目特征

羽毛球运动属于技能主导类隔网对抗性项目，是一项无规律的、非周期性运动。其主要特征为高强度、间歇性，比赛形式表现为持续多拍回合击球接一个短暂间歇，多次循环重复组合。羽毛球运动虽然比赛场地面积小、运动距离短，却包含了大量的快速变向及瞬时启动。

一、能量代谢系统

羽毛球项目对运动员的三大能量代谢系统都有着较高的要求。高水平比赛中，运动员的平均心率有时会达到最大心率的90%以上，其中有氧供能占60%—70%，而无氧供能约占30%。有氧代谢系统的正常工作是羽毛球运动的基本保障，一场比赛中运动员进行高强度、长时间的有氧消耗，有氧氧化供能是基础。据调查研究，在一场羽毛球比赛中，运动员要进行5000米以上的移动，并且在快速挥拍击球后进行全程不同点位的移动。在连续多拍对抗不断地进行全场移动时，肌体以糖酵解供能为主；而在比赛中做出突发性半蹲、扣杀、快速位移等爆发性动作，人体就需要稳定依靠磷酸原供能系统，迅速为肌肉提供充足的能量。因此，在训练过程中要尽可能在三大能量系统有机结合的基础上制订训练方案，设置科学、合理的训练强度，以此来促进运动员耐受能力的提升。

二、下肢爆发力

下肢爆发力对于羽毛球运动员的灵敏移动能力非常重要。有研究要求羽毛球运动员进行每周3次、每次5组、每组30个的原地向上纵跳练习，运动员腿部肌纤维明显增粗，爆发力明显增强，下肢刚度提升，身体灵活性增强，预判能力和快速变向能力增强，回球质量较训练前明显提高。另一项研究对羽毛球运动员进行了为期6周的下肢爆发力训练干预，对比前后测试，纵跳能力和变向能力有了显著提高，并且指出下肢爆发力是影响羽毛球运动员灵敏性的重要因素。有研究表明，重复变向冲刺时长和深蹲跳跃高度都是羽毛球运动员技能水平的主要构成因素，羽毛球运动员运动水平越高，纵跳能力、变向能力、制动能力越强。

三、灵敏素质需求

羽毛球是一项隔网持拍类体育项目，其特征是短间歇、高强度、爆发性、多方向运动。为快速回击对方来球，运动员需要不断移动身体来改变方向、转体、伸展、蹬跨，以回击来球。大量的脚步移动及上、下肢协调动作中包含了数个三个解剖运动轴的组合动作。例如击打前场球、向前冲刺救球需要运动员快速向前迈步，应对高速的后场球则需要运动员快速向后并步，这些动作主要在矢状轴上进行，对运动员的直线速度能力有着较高的要求；向左、右两侧的滑步、交叉步则主要在冠状轴上进行。在数次多方向位移中，运动员要做大量的水平轴转动，如髋关节、胸椎的旋转。在真实的比赛中，羽毛球运动涉及多种运动平面上的动作模式，对运动员的灵敏素质有着非常高的要求。

有学者指出，羽毛球运动员的灵敏素质主要表现为在时间、空间上的快速定位能力。羽毛球运动是一种包含大量急停、急起、快速改变身体方向动作的运动,运动员要时刻保持启动的姿势和身体状态。这就要求运动员除了必须具备良好的感知觉能力,还必须具备快速反应能力和移动能力。有学者对羽毛球、田径、网球、团体项目等运动员的灵敏素质进行研究发现,羽毛球运动员反应速度、移动能力、变向能力、冲刺跑能力等最强,而田径运动员在这些方面表现得最差。网球运动员强于团体项目运动员,主要原因是羽毛球项目需要运动员突然加减速或改变方向,身体时刻保持启动的姿势。

第二节 羽毛球运动的动作特征

羽毛球的技术动作主要包含挥拍击球、多方向移动等。高质量的挥拍击球可以使球到达对手的薄弱位置,增加己方得分概率。运动员在场上虽不需要做出长距离的奔袭,却需在面积有限的区域内快速地、多回合地进行多方向冲刺来抵达击球位置。此外,羽毛球项目中包含了大量的假动作,运动员不仅需加强自身击球假动作的使用能力,还应加强对对手假动作的判断能力。

一、击球

击球动作是羽毛球运动中最为关键而复杂的动作之一。选手需要具备精准的判断能力和快速的反应能力,掌握各种不同类型的击球技术,从而在比赛中打出风格多变的高质量回球。常规的击球动作包括发球、正手击球、反手击球和扣球。业余选手在练习击球动作时应从高远球练起。随着基础挥拍动作的熟练,练习者应继续学习多种进阶动作,如网前扑球、挑高球、吊球、放网搓球、跳起扣杀等。击球作为羽毛球运动的核心技术,结合了水平轴、矢状轴、冠状轴三个运动轴的动作,对腕关节、盂肱关节、胸椎、髋关节、踝关节的灵活性有着非常高的要求，同时需要肘关节、肩胛胸壁关节、腰椎、膝关节具备良好的稳定性。在进行激烈的羽毛球比赛前应做足准备活动，激活关节的灵活性、稳定性，以及肌肉、神经的兴奋性。

二、步法

步法是羽毛球比赛中最基本的技能，熟练的步法可以帮助运动员以最少的体能消耗和最短的时间到达适宜的位置，完成击球，并且在完成击球动作之后迅速移动到恰当位置，准备下一个动作。运动员需要在场地内重复进行快速前后、左右、对角线重复组合移动，这对保持快速移动的瞬时速度和速度耐力有着较高的要求。

在羽毛球运动的多种步法中，弓步的使用尤为重要。弓步占单打比赛中所有动作的15%。从球场中心快速移动到球网和底线需要四个主要的弓步方向，即右前、左前、右后和左后。与其他三个弓步方向相比，左前弓步显示出更高的垂直地面反作用力负荷和足底压力。这些弓步被认为是技能熟练的最基本、最关键的动作。随着步法技巧变得越来越熟练，从球场中心到各个部分所需的步数和长度会逐渐趋于稳定。此外，增强连续弓步的运动能力也很有必要。有研究表明，相较于单次弓步动作，采用连续、重复的弓步步法是羽毛球比赛成功的关键，脚触地的时间更短，产生的冲击力、膝关节峰值力矢状矩的最大负荷率更小，但产生的峰值水平合力更大。

三、假动作

假动作在羽毛球运动中非常常见，作为一种技术性非常强的动作，可以使选手在比赛中掩盖自己的实际动作意图，并通过模拟一些动作来迷惑对手，从而产生出乎意料的击球效果。在一些高水平的羽毛球比赛中，假动作也常常是选手实现反击和破绽化解的重要手段。

做假动作需要选手具备较高的技术素质，在实际操作时模拟出不同的动作来诱导对手做出错误的判断，从而使用更适合当前形势的击球技术。例如，假动作可以表现为冲击、弧形等不同的挥拍方式，可以包括跨步、转身等动作，也可以快速做出挥拍前摆动作假意扣杀，实则吊球。一些高级别的选手也会在挥拍时发声、进行眼神欺骗等。此外，假动作的成功应用需要选手判断对手的表现，并加以灵活应对。对手挥拍的力度、方向、步伐等都是影响假动作选择和比赛走向的关键要素。在比赛的过程中，选手需要通过观察对手的表现来调整自己的假动作，并寻找击球的机会。

总体来说，假动作是一项难度极高、对技术素质要求也很高的技能之一。选手需要在实践中不断尝试并磨合，摸索出适合自己的假动作模式，并根据比赛形势灵活应对。对初学者而言，可以在逐渐提高技术水平的基础上逐步学习、掌握假动作的技巧和使用方法。

第三节　羽毛球项目灵敏移动练习动作及进阶

一、速滑跳跃

训练目的

该训练旨在增强练习者的下肢离心力量，发展其平衡和身体姿势控制能力。

训练方法

1. 练习者双脚与肩同宽，以直立姿势准备。
2. 双脚用力向右侧跳起，右脚单脚落地。
3. 不停顿地快速向左侧跳起，左脚单脚落地。
4. 重复上述步骤进行快速的左、右两侧跳跃。

提示

1.整个运动模式类似于速滑练习者的运动模式。

2.可以右侧开始或以左侧开始，并重复此训练。（见图8-1）

图8-1 速滑跳跃

二、阿里滑步

训练目的

该训练旨在发展练习者的下肢平衡能力和协调性。

训练方法

1.练习者双脚与肩同宽，以直立姿势面向20米线准备。

2.一只脚向前迈出，跨过标志线；立即交换脚，向行进方向移动。

3.以此方式沿标志线移动；到达终点时，快速向反方向滑步，返回至起点。

提示

1.每次滑步时都要保持双脚的间距。

2.以最快速度完成整个训练过程。（见图8-2）

图 8-2　阿里滑步

三、阻力带冲刺+前刺弓步

训练目的

该训练旨在提高练习者对抗情况下的前进弓步动作灵敏性和动作质量。

训练方法

1.练习者在腰间绑好阻力带。搭档在后方拉住阻力带末端，以提供阻力。

2.练习者向前冲刺15—20米，向左斜前方、正前方、右斜前方做出前刺弓步，立即快速返回至起始位置。

提示

搭档应注意给予适当的阻力。（见图8-3）

图8-3 阻力带冲刺+前刺弓步

四、弓步蹲跳+侧滑步

训练目的
该训练旨在增加练习者的髋关节力量和步幅。

训练方法
1.练习者以直立姿势准备。
2.一只脚向前迈出一步，呈弓步姿势。
3.双臂后摆，向上摆起，同时垂直跳跃；落地呈弓步姿势，随即该脚蹬地站起。
4.不停顿，衔接一次侧滑步。
5.双脚以此方式交替完成既定次数。

提示

做出弓步姿势时，后面的腿的膝盖不应与地面接触。

进阶练习

可在进行两次侧向弓步跳和侧滑步后交换。（见图8-4）

图8-4 弓步蹲跳+侧滑步

五、30米后撤步+冲刺

训练目的

该训练旨在发展练习者的加速和减速能力。

训练方法

1. 练习者以两点式背对起点线准备。
2. 后撤步5米，冲刺返回至起点线。
3. 后撤步10米，冲刺返回至起点线。

提示

1. 尽可能缩短步法转换的时间，保持流畅、连贯。
2. 冲刺时强调爆发力和速度，以及正确的姿势和技术。（见图8-5）

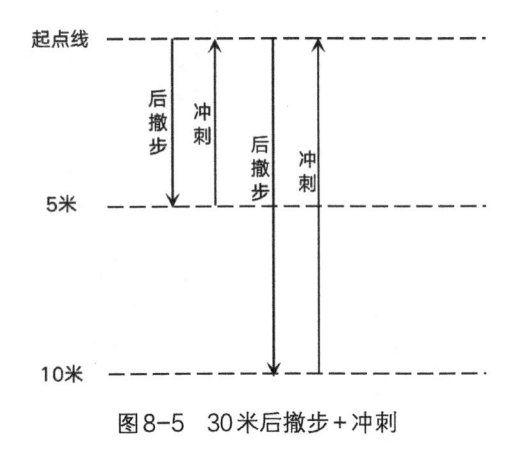

图8-5　30米后撤步+冲刺

六、绳梯·转髋跳+抛接球

训练目的

该训练旨在改善练习者的反应速度、场地空间感觉、肢体对视觉或听觉刺激的反应、第一步反应速度和整体运动能力。

训练方法

1. 练习者以直立姿势面向绳梯起点准备。
2. 双脚跳起,同时转髋90度,踏入第一方格。
3. 双脚再次跳起,同时转髋180度朝向另一侧,踏入第二方格。
4. 以此方式继续行进,跳完绳梯的每一个方格。
5. 跳跃过程中,教练在绳梯外抛球,练习者接球并抛回给教练。
6. 重复抛接球,直至完成绳梯。

提示

1. 保持身体的平衡性和稳定性,以及髋关节的灵活转动;双脚准确落在方格内。
2. 训练过程中尽量目视前方,并确保准确完成抛接。(见图8-6)

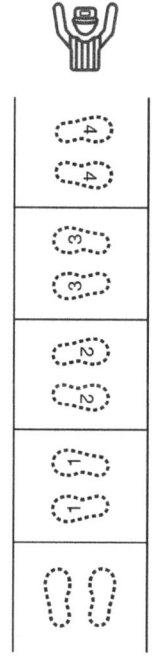

图8-6 绳梯·转髋跳+抛接球

七、标志桶·20米正方形灵敏跑

训练目的

该训练旨在发展练习者的快速变向和多种步法快速转换能力。

训练方法

1.将4个标志桶编号为1、2、3、4，摆放成边长为5米的正方形。

2.练习者以两点式在1号标志桶位置准备。

3.向前冲刺5米至2号标志桶。

4.向右侧滑步5米至3号标志桶。

5.倒退跑5米至4号标志桶。

6.向左侧滑步5米返回至起点。

提示

可以不同的标志桶作为起点，重复此训练。（见图8-7）

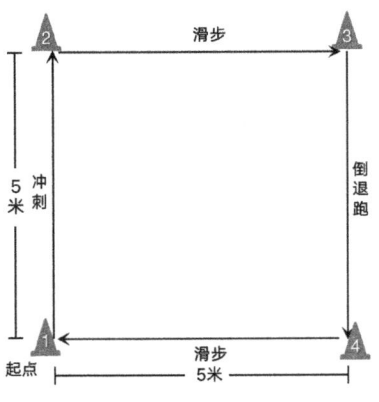

图8-7 标志桶·20米正方形灵敏跑

八、标志桶·"F"形灵敏跑

训练目的

该训练旨在发展练习者的快速变向和步法转换能力。

训练方法

1.将5个标志编号为1—5，左侧3个标志桶为1号、2号、4号，右侧2个标志桶为3号、5号；每排每个标志桶之间的距离为5米。

2.练习者以两点式在1号标志桶位置准备。

3.冲刺至2号标志桶。

4.向右侧滑步至3号标志桶，再向左侧滑步返回至2号标志桶。

5.冲刺至4号标志桶。

6.向右侧滑步至5号标志桶，再向左侧滑步返回至4号标志桶。

7.后撤步返回至1号标志桶，完成此训练。

提示

尽可能缩短步法转换的时间，保持流畅、连贯。

进阶练习

可以多种移动方式、步法或反向路线进行此训练。（见图8-8）

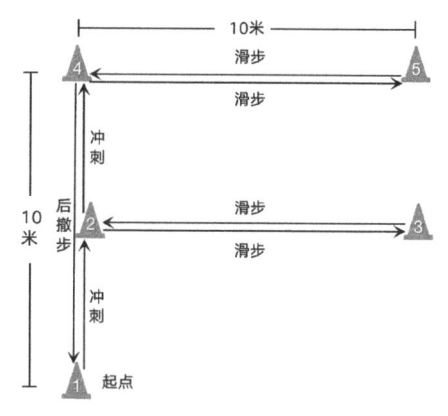

图8-8 标志桶·"F"形灵敏跑

九、标志桶·"X"形混合灵敏跑

训练目的

该训练旨在发展练习者的快速变向、启动和制动能力。

训练方法

1.将4个标志桶编号为1、2、3、4，摆放成边长为10米的正方形。
2.练习者以两点式在1号标志桶位置准备。
3.冲刺至2号标志桶。
4.向右侧转身，斜对角冲刺至3号标志桶。
5.倒退跑至4号标志桶。
6.向右侧转身，斜对角冲刺，返回至1号标志桶，完成此训练。
7.可在标志桶外侧或周围进行环绕跑等，以增加难度；重复此训练。

提示

1.冲刺时强调爆发力和速度，以及不同步法正确的姿势和技术。
2.尽可能缩短启动、制动的时间，保持流畅、连贯。

进阶练习

可以不同的起始姿势（如仰卧、四点支撑等）进行此训练。（见图8-9）

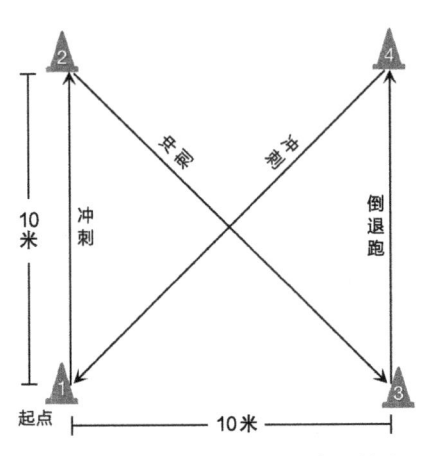

图8-9 标志桶·"X"形混合灵敏跑

十、标志桶·星形综合灵敏跑

训练目的

该训练旨在发展练习者快速变向、变换身体姿势、应用多种跑动技能并快速转换的能力。

训练方法

1. 将4个标志桶编号为1、2、3、4，摆放成边长为10米的正方形；在中间摆放一个标志桶，编号为5。

2. 练习者以两点式在1号标志桶位置准备，斜对角冲刺至5号标志桶，随后倒退跑返回至1号标志桶。

3. 在1号标志桶位置侧滑步至2号标志桶。

4. 在2号标志桶位置斜对角冲刺至5号标志桶，随后倒退跑返回至2号标志桶。

5. 在2号标志桶位置侧滑步至3号标志桶。

6. 在3号标志桶位置斜对角冲刺至5号标志桶，随后倒退跑返回至3号标志桶。

7. 在3号标志桶位置侧滑步至4号标志桶。

8. 在4号标志桶位置斜对角冲刺至5号标志桶，随后倒退跑返回至4号标志桶。

9. 在4号标志桶位置侧滑步至1号标志桶，完成此训练。

提示

保持整个训练过程流畅、连贯，以最短时间完成。

进阶练习

练习者可以不同的移动方式（如卡里奥卡交叉步、熊爬等）进行点对点的练习，并重复此训练。（见图8-10）

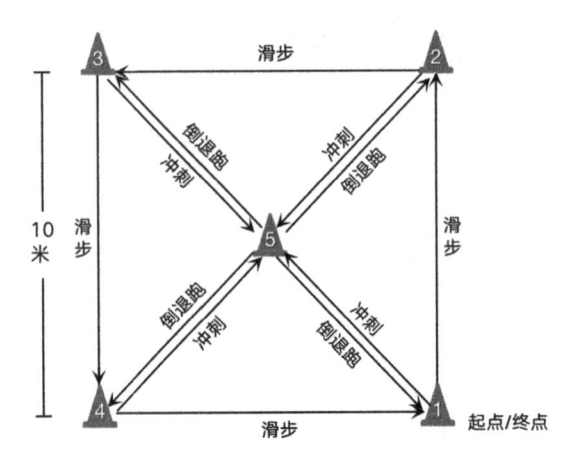

图 8-10　标志桶·星形综合灵敏跑

十一、标志桶·三角形练习

训练目的

该训练旨在发展练习者的加速、制动和身体控制能力。

训练方法

1. 将3个标志桶摆放成边长为5米的倒立的等边三角形。

2. 练习者在1号标志桶位置冲刺至2号标志桶，触碰2号标志桶并转身冲刺返回至1号标志桶。

3. 触碰1号标志桶并转身冲刺至3号标志桶。

4. 触碰3号标志桶并转身冲刺返回至1号标志桶。

提示

1. 保持整个训练过程流畅、连贯，以最短时间完成。

2. 可以滑步、后撤步或各种步法组合的方式进行此训练。（见图8-11）

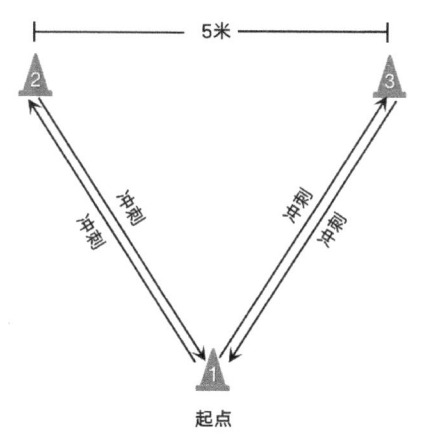

图8-11 标志桶·三角形练习

十二、标志桶·"M"形后撤并步练习

训练目的
该训练旨在发展练习者在场地上快速转髋和后撤并步的专项能力。

训练方法
1. 将5个标志桶摆放在两条线上；1号、2号、3号标志桶构成一个边长为10米的等边三角形，3号、4号、5号标志桶同样。

2. 练习者以两点式在1号标志桶位置背对2号标志桶准备，斜对角后撤并步至2号标志桶。

3. 到达2号标志桶后，外侧的脚用力切入，反向后撤并步至3号标志桶。

4. 重复上述步骤，通过所有标志桶。

提示
保持整个训练过程流畅、连贯，以最短时间完成。（见图8-12）

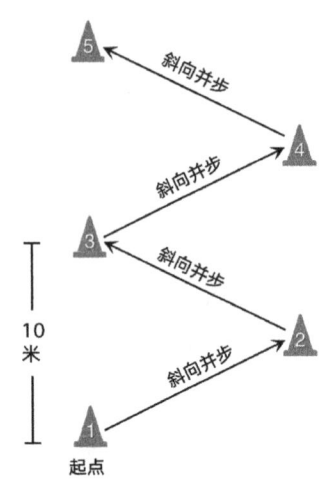

图8-12 标志桶·"M"形后撤并步练习

十三、标志桶·菱形交叉步

训练目的

该训练旨在发展练习者的横向加速、急停和低重心运动能力。

训练方法

1.将4个标志桶编号为1、2、3、4，摆放成边长为8米的正方形；在中间摆放一个标志桶，编号为5。

2.练习者保持低重心，髋关节、膝关节屈曲，背部平直，眼睛向前看的姿势在5号标志桶位置准备；交叉步至1号标志桶，随后滑步返回至5号标志桶。

3.依次以交叉步的行进方式移动至2号、3号、4号标志桶，并返回至5号标志桶。

提示

保持整个训练过程流畅、连贯，以最短时间完成。（见图8-13）

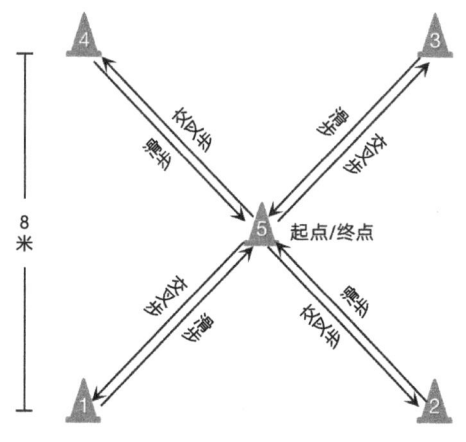

图8-13 标志桶·菱形交叉步

十四、标志盘·"Z"形练习

训练目的

该训练旨在发展练习者变向和转换动作模式时控制身体姿势的能力，以及在减速和加速阶段力的传导效率。

训练方法

1. 将4个标志盘编号为1、2、3、4，摆放成边长为10米的正方形。
2. 练习者降低身体重心，双脚间距比肩宽，在1号标志盘位置准备。
3. 侧滑步至2号标志盘。
4. 冲刺至3号标志盘。
5. 侧滑步至4号标志盘，完成此训练。

提示

1. 滑步时要保持身体重心与起始姿势一致。
2. 尽可能缩短步法转换的时间，保持流畅、连贯。

进阶练习

可将该训练调整为反向的"Z"形练习，即要求练习者向后跑。（见图8-14）

图 8-14　标志盘·"Z"形练习

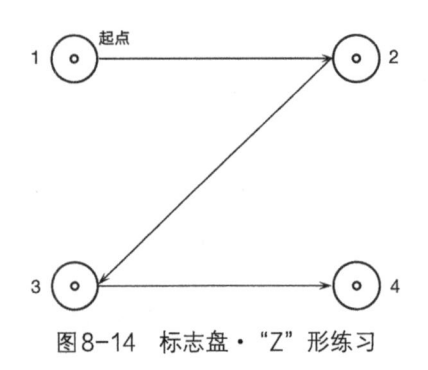

十五、标志盘·向前、向后跳

训练目的
该训练旨在发展练习者在跳跃时前后位移的能力。

训练方法

1. 将5个标志盘编号为1—5，摆放成"X"形，中间为1号，左上角为2号，右上角为3号，左下角为4号，右下角为5号；2号、3号、4号、5号标志盘之间的距离为1米。
2. 练习者在1号标志盘位置准备。
3. 以双脚跳或单脚跳完成4—2—4或5—3—5路线，重复至既定次数。

提示
变向时及时调整身体重心，强调短触地时长，保持流畅。（见图8-15）

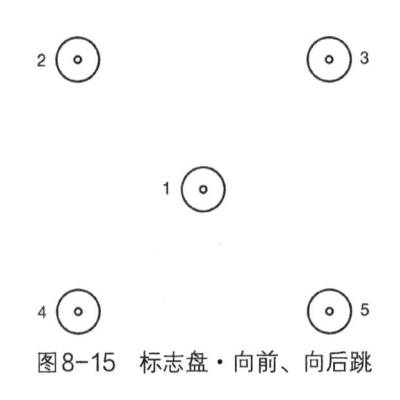

图 8-15　标志盘·向前、向后跳

十六、栏架·横向高抬腿+抗阻

训练目的
该训练旨在发展练习者抗阻状态下横向位移的能力。

训练方法
1.将栏架竖向摆放成一排。
2.练习者在腰间绑好阻力带，以两点式在第一个栏架后准备。搭档在后方拉住阻力带末端，以提供阻力。
3.练习者横向高抬腿依次通过所有栏架，完成此训练。

提示
1.可向左侧或右侧行进，完成此训练；也可一步或两步跑过每个栏架。
2.跑动过程中应快速提膝并摆臂。
3.搭档应注意提供适当的阻力，避免摔倒等意外发生。（见图8-16）

图8-16　栏架·横向高抬腿+抗阻

十七、跳绳·组合跳跃

训练目的
该训练旨在发展练习者的下肢爆发力，提高其反应速度。

训练方法

1. 练习者跳起，双脚开立落地。
2. 再次跳起，落地呈弓步姿势。
3. 重复上述步骤，双脚快速交替进行此训练。

提示

训练过程中应避免出现停顿，保持流畅、连贯；尽可能提高频率。

进阶练习

可增加多种跳跃模式（如单脚交换跳、交叉步、旋转跳等）组合。（见图8-17）

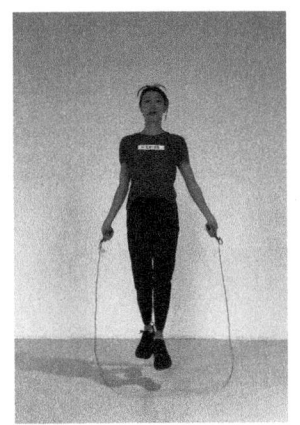

图8-17 跳绳·组合跳跃

十八、敏捷圈·小碎步横向点地+反应练习

训练目的

该训练旨在提高练习者的下肢反应速度和变向能力。

训练方法

1. 将4个敏捷圈摆放成一个边长为10米的正方形区域，并在区域中间相隔1米摆放2个敏捷圈。练习者和搭档分别在中间的两个敏捷圈内准备。

2.以两次小碎步和一次横向点地等待教练的指令。

3.教练发出口令或视觉指令，提示练习者和搭档冲刺至前面或后面的敏捷圈，随后转身冲刺返回至起始位置，继续以小碎步等待下一个指令。

提示

练习者和搭档都要尝试以比对方更快的速度完成此训练。

进阶练习

用手触碰指令对应的敏捷圈，再返回。（见图8-18）

图8-18 敏捷圈·小碎步横向点地+反应练习

十九、口令·方形速度练习

训练目的

该训练旨在提高练习者在密闭空间中多方向移动的速度。

训练方法

1.将4个标志桶编号为1、2、3、4，摆放成边长为3—5米的正方形。练习者站在正方形中间准备。

2.教练随机喊出一个标志桶的编号。

3.练习者迅速冲刺至对应位置，并触碰该标志桶。

4.冲刺返回至起始位置，等待下一个指令。

提示

1. 每组训练时长约为10秒。
2. 可以不同的步法进行此训练。（见图8-19）

图8-19　口令·方形速度练习

二十、弓步两次换腿跳

训练目的

该训练旨在发展练习者的下肢爆发力和在空中调整身体姿势的能力。

训练方法

1. 练习者双脚前、后分开，略微屈髋、屈膝站立准备。
2. 快速爆发式蹬地跳起，双脚在空中连续两次交换位置，落地时恢复起始姿势。

提示

1. 尽量保持身体直立，避免躯干过度前倾。
2. 每次训练尽可能腾空至最大高度，并以最快速度完成交换腿。

进阶练习

可向前或向后跳跃。（见图8-20）

图 8-20　弓步两次换腿跳

二十一、横向蹬伸

训练目的
该训练旨在发展练习者的下肢爆发力,提高其反应速度。

训练方法
1.摆放一个高度不超过练习者小腿长度一半的箱子。练习者双脚开立,与肩同宽;随后一只脚踩在箱子的边缘位置,屈髋、屈膝,手臂向后拉起准备。

2.快速爆发式蹬起腾空,双脚在空中交换位置,落地时恢复起始姿势。

提示
强调最大高度和短触地时长。(见图8-21)

图8-21 横向蹬伸

二十二、正方形格·镜像冲刺

训练目的

该训练旨在提高练习者的移动速度,以及观察对手的运动并做出相应反应的能力。

训练方法

1.将6个标志桶摆放成两个方形区域,每个标志桶之间的距离为5米。练习者和搭档分别站在两个区域中心准备。

2.练习者随机向一个标志桶冲刺并触碰该标志桶,随后返回至起始位置。

3.搭档迅速反应,做出相同动作。

提示

1.教练在训练过程中可随机发出指令,使两人交换角色。

2.练习者和搭档应时刻保持注意力集中,以迅速做出反应。(见图8-22)

图8-22　正方形格·镜像冲刺

二十三、放球练习

训练目的

该训练旨在提高练习者的反应速度，特别是上肢对视觉刺激的反应速度，发展其动作灵敏性。

训练方法

1.搭档双手在肩部高度各持一个网球。练习者屈髋、屈膝，面对搭档站立准备。

2.搭档随机放开一个网球。

3.练习者迅速做出反应，尝试在半空中将球接住。

提示

练习者应时刻保持注意力集中，以在第一时间接住网球，避免它落地。

进阶练习

1.用搭档放球手的同侧手接球。

2.搭档同时放开两个网球。（见图8-23）

图 8-23 放球练习

二十四、抓尺子

训练目的

该训练旨在提高练习者上肢对视觉刺激的反应速度,发展其手眼协调性和动作灵敏性。

训练方法

1.搭档在肩部高度手持直尺与练习者面对面站立准备。

2.搭档放开尺子,使之自然下落。练习者尝试抓住尺子。

提示

练习者应及时做出反应,避免尺子落地。(见图8-24)

图8-24 抓尺子

二十五、交替抛接球

训练目的

该训练旨在提高练习者对视觉刺激的反应速度和第一步反应速度。

训练方法

1. 练习者双手各持一个网球与搭档面对面站立准备。
2. 练习者双手依次抛出网球,搭档接球后以相同方式抛出。
3. 重复上述步骤,完成此训练。

提示

练习者和搭档应时刻保持注意力集中,以在第一时间接住网球,避免它落地。

进阶练习

可随机改变抛球的高度和角度。(见图8-25)

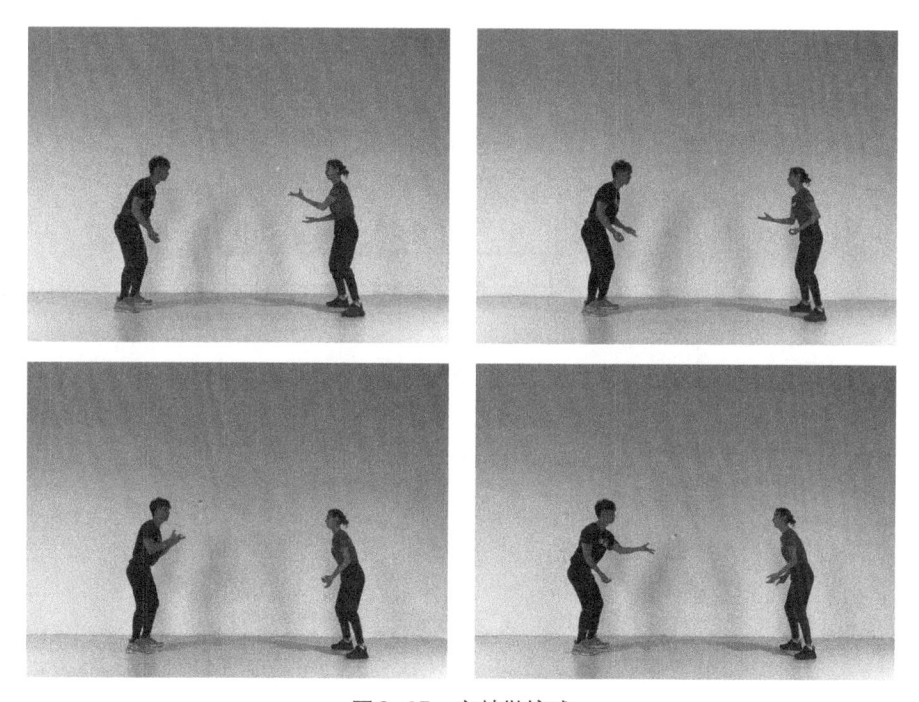

图8-25 交替抛接球

二十六、"T"形移动练习+抛球

训练目的
该训练旨在发展练习者的变向能力、全身协调性和反应灵敏性。

训练方法
1.将4个标志桶编号为1、2、3、4,摆放成"T"形,每个标志桶之间的距离为5米。练习者在1号标志桶位置准备。

2.教练发出"开始"指令,练习者冲刺至2号标志桶。

3.向左侧滑步至3号标志桶。

4.交叉步至4号标志桶。

5.再次向左侧滑步返回并触碰2号标志桶。

6.后撤步返回至1号标志桶。

7.在滑步和交叉步过程中,教练在外侧抛球,练习者接球并抛回给教练。

提示
1.交替进行正向、反向路线练习。

2.准确抛接球,并尽可能提高移动速度。(见图8-26)

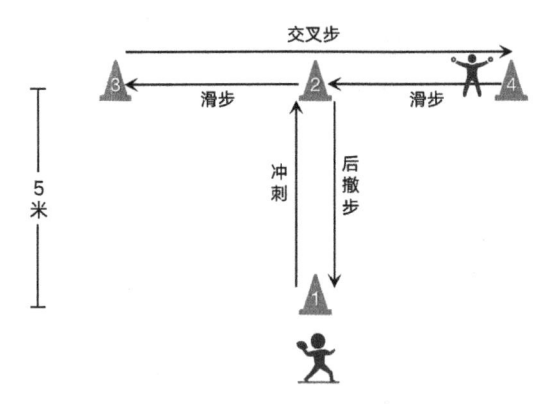

图8-26 "T"形移动练习+抛球

第九章

网球项目的灵敏移动练习方法

第一节　网球运动的项目特征

网球是一项场地面积较大的隔网对抗类运动，是一种超高球速类运动项目，其比赛成绩与运动员的速度、灵敏性和爆发力息息相关。国际网球联合会规定：两次得分之间的恢复时间通常为20—25秒，两局之间坐在场边休息90秒，两盘之间坐在场边休息120秒。这些时间安排使平均比赛时间为1.5小时。一般来说，网球比赛每得1分，运动员需进行4—10秒的高强度运动，并改变4次方向。而在长时间的连续对打中，运动的变化范围可表现为从单一运动到多达15次变向。因此，整场网球比赛中运动员改变方向超过千次的现象是很常见的。

一、场地类型

网球运动对场地的要求非常高，必须保证场地平整、干燥，同时，场地必须属于硬地类型，如红土地、草地、木地等。场地类型不同，对比赛的风格类型和体能的需求各不相同。草地是历史最悠久、最具传统意义的场地，例如英国温布尔登网球公开赛。其特点是球落地后与地面摩擦的面积小，球速快，对运动员的反应速度、移动速度、奔跑技巧要求特别高。

随球上网和发球上网是草地场地比赛中常见的制胜战术，在温网比赛中时常可以看到被誉为"草地之王"的费德勒在一次大力发球后选择上网而拿下比赛。硬地场地因容易保养和打理，在大众体育中较为流行。国际赛事中，澳大利亚网球公开赛和美国网球公开赛的场地都是硬地。硬地场地一般由水泥、沥青铺成，表面涂有蓝色等颜料，因其表面平整、硬度高，所以球的反弹速度很快，且球路规律性强。红土、沙土场地表面铺有一层细沙或泥土，球落地后与地面摩擦的面积大，因此球速较慢，对于运动员的相持能力、奔跑能力、耐心和意志力是极大的考验，擅长奔跑，兼备顽强意志力的纳达尔在法国网球公开赛上拿下了10个冠军，因此被称为"红土之王"。教练在为网球运动员设计体能训练计划时应充分结合比赛场地类型，有针对性地安排不同内容的练习。

二、身高与体重

有研究认为，网球运动员的身高和体重与变向能力存在负相关关系，网球运动员的身高越高，体重越大，其变向能力就越弱。一般认为，运动员的身高越高，重心就越高，重心高的运动员移动的速度相对慢一些；体重大的运动员惯性比较大，移动速度也比较慢。在一项针对美国青少年网球运动员的变向能力、击球速度及准确性的研究发现，身高和体重影响网球运动员的变向能力和击球的准确性，在身高和体重的合理范围内，体重越大、身高越高的运动员变向能力和击球的准确性越差，击球的速度越慢。另一项关于41名青少年精英网球运动员的身体发育状况与变向能力的关系的研究表明，身高和体重与网球运动员下肢改变方向能力和爆发力关系密切，但是这种关系存在动态变化的可能。随着年龄的变化和运动水平的提高，身高和体重对青少年网球运动员快速变向能力的影响也在变化，可能存在正相关关系，也可能存在负相关关系，还可能没有关系。也有研究表明，虽然网球运动员的身高、体重与变向能力存在一定的负相关关系，但是这种关系并不显著，出现这种情况的原因很可能是研究选择的测试对象身高和体重都在最佳的范围内。综上而言，网球运动员的能力水平与身高、体重没有太大关系，但身高过高的运动员需有选择性地加强冲刺缓冲能力及变向与横移能力，以帮助身体在运动中克服惯性，提高动作速度并降低损伤风险。

三、灵敏素质需求

网球运动中，运动员必须迅速改变方向，在较短的时间内加速，并完成有力的击球。网球发球速度可以高达时速210千米，这需要运动员迅速响应并回球。一般情况下，运动员打出每一拍都需跑约3米，每得1分都需跑8—15米，其中包括4次变向。在一场比赛中，运动员要跑1300—3600米，具体取决于球场的地面情况。研究运动员在每一拍所需移动的距离时，我们发现：80%的击球（通常得1分需要击球2.5—3.0次）发生在距离运动员约2.5米的范围内；以站姿完成10%的击球发生在距离运动员2.5—4.5米的范围内，并需要运动员快速横移；不到5%的击球发生在4.5米的范围外，运动员需要做出快速冲刺。快速向前冲刺及横向移动的动作速度对网球运动员来说至关重要。网球运动中直线冲刺和横向位移都是独立的生物运动技能，因此，为了优化这些技能，应该有针对性地安排训练，并与网球的专项灵敏训练结合。

此外，反应时也是运动员短距离移动速度的直接影响因素，就是发现刺激与产生力（做出反应）之间的时间。虽然反应时与几秒的冲刺并不相关，但在网球运动中，反应时与短距离的快速变向明显相关。因此，网球运动员的灵敏素质练习应该包括提高反应时的内容，它应与短距离直线、横向冲刺类练习结合。在反应灵敏训练中，教练应该使用视觉刺激来训练运动员的视觉反应。与听觉刺激（口哨、声音或拍手声）相比，视觉刺激更符合网球运动的专项性特征。

第二节　网球运动的动作特征

网球作为一项在世界范围内广泛流行的隔网对抗类运动项目，挥拍击球和步法跑位是该项目的核心动作。作为一项技术性和对身体素质综合要求较高的运动，教练需要对项目特征和动作模式特征了如指掌，并据此为运动员提供专业的技术指导及专项体能练习。

一、击球

击球动作是网球比赛中最重要的核心动作之一，也是决定比赛胜负的关键。不管用哪种握拍方式，握拍时都要做到握拍手腕固定，与球拍成90度角。在挥拍击球前，另一只手扶着拍颈，以减轻握拍手臂的负重；同时，握拍的手可充分放松，在挥拍击球时再握紧拍柄。在挥拍时，选手需要保持身体平衡，在接球之前做好准备动作。通常来说，运动员的手臂应该自然放松，挥拍范围应该大，这样可以使挥拍力度更大，也可以更好地控制球的运行轨迹。在击球时，运动员需要同时调整挥拍的力度和角度，以控制球的运行轨迹，使球以合适的速度、角度、高度飞向对手的场地。击球过程中，运动员需全身协同发力，充分、舒展地挥拍击球，不仅要有足够的上肢爆发力，核心抗旋转能力对于身体姿势的控制也至关重要。此外，针对不同的对手和局势，运动员也需要根据实际情况调整自己的打法，灵活调整击球的角度和力度，从而进行更高质量的击球。

二、步法

快速的跑动、灵活的步法对网球运动员而言同样至关重要。在网球的各种击球中，人需尽可能与球保持较为稳定的距离，适宜的站位和步法是打出各种好球的先决条件。常用步法包括闭锁式步法、开放式步法、滑步、跨步、踮步、交叉步等。与其他运动项目不同的是，网球运动中的大多数移动是横向的。有研究表明，网球运动中的击球，47%需要向前运动，48%需要横向移动，还有5%需要向后运动。另一项关于网球职业运动员的研究发现，超过70%的运动都表现为从一侧移向另一侧，只有不到20%的运动表现为向前的直线运动，不到8%的运动表现为反向直线运动。这些研究表明，侧向的加速和减速移动是网球运动中的决定性因素，这对设计网球体能训练而言意义非凡。在设计网球运动的灵敏练习内容时，应着重考虑直线冲刺、横向移动的相关练习内容，动作模式应尽可能接近网球步法的专项特征。

另外，协调性同样与动作灵敏水平有着千丝万缕的联系。一项对塞尔维亚国家队女子网球运动员进行的研究发现，协调能力强的运动员的灵敏素质明显优于协调能力差的运动员，突出表现在脚步移动和回球质量上，协调能力强的运动员更容易控制比赛节奏。下肢协调能力对于网球运动员尤为重要，下肢协调性较好有助于身体快速变向和加快脚步移动速度，更少的多余动作使得冲刺跑动的经济性更高。教练在设计训练计划时应尤其注意提高运动员的上、下肢协调能力，使其步法更高效、更省力。

第三节　网球项目灵敏移动练习动作及进阶

一、20米折返冲刺

训练目的
该训练旨在发展练习者的变向、步法和反应能力。
训练方法
1.练习者双脚与肩同宽，以直立姿势在起点线两侧准备。
2.转向右侧，冲刺5米，用右手触碰标志线。

3.转回左侧，冲刺10米，用左手触碰标志线。

4.再转回右侧，冲刺5米，越过起点线。

提示

1.冲刺时强调爆发力和速度，以及正确的姿势和技术。

2.保持每次折返流畅、连贯。

3.在训练过程中注意控制呼吸和节奏，强调高抬膝盖和迅速蹬地。

进阶练习

可在每一程的训练中结合不同的运动技能。（见图9-1）

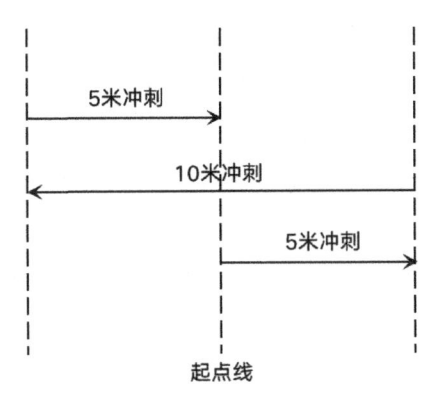

图9-1　20米折返冲刺

二、40米直线滑步

训练目的

该训练旨在发展练习者的灵敏性、外展肌群和内收肌群的柔韧性。

训练方法

1.练习者以两点式在起点线处准备。

2.向左侧滑步5米，用左脚触线；滑步返回至起点线，并用右脚触线。

3.向左侧滑步10米，用左脚触线；滑步返回至起点线，并用右脚触线。

4.向左侧滑步5米，用左脚触线；滑步返回至起点线。

提示

1.尽可能缩短变向的时间,保持流畅、连贯。

2.可以向右侧滑步或向左侧滑步的方式开始练习。(见图9-2)

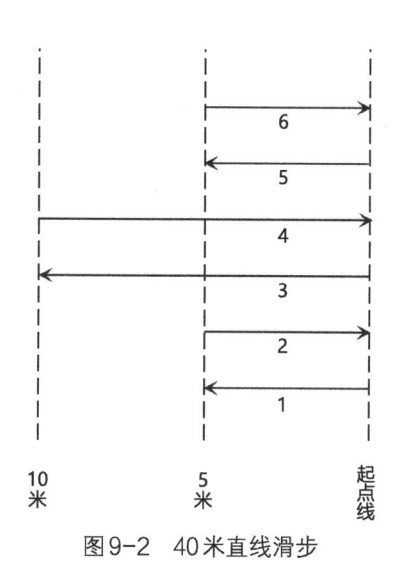

图9-2　40米直线滑步

三、后撤步+90度转身冲刺

训练目的

该训练旨在发展练习者的变向和步法转换能力。

训练方法

1.练习者以两点式背对起点线准备。

2.后撤步10米,到达标志线。

3.向右或向左转身90度,冲刺10米。

提示

1.尽可能缩短步法、方向转换的时间,保持流畅、连贯。

2.冲刺时强调爆发力和速度,以及不同步法正确的姿势和技术。(见图9-3)

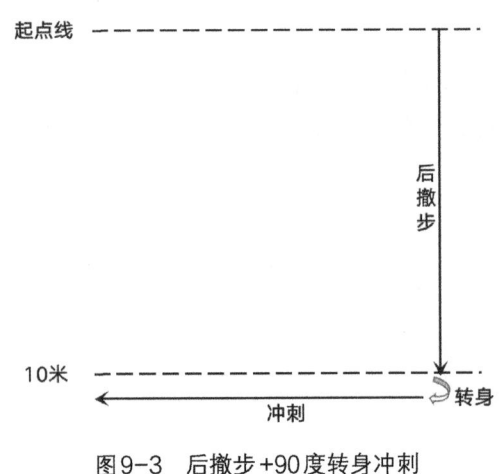

图 9-3　后撤步+90度转身冲刺

四、后撤步+135度转身冲刺

训练目的

该训练旨在发展练习者的后、侧向变向加速能力。

训练方法

1. 练习者以两点式背对起点线准备。

2. 后撤步5米，到达标志线。

3. 转身135度向右侧或左侧冲刺。

提示

1. 尽可能缩短步法、方向转换的时间，保持流畅、连贯。

2. 冲刺时强调爆发力和速度，以及不同步法正确的姿势和技术。(见图9-4)

图 9-4　后撤步 +135 度转身冲刺

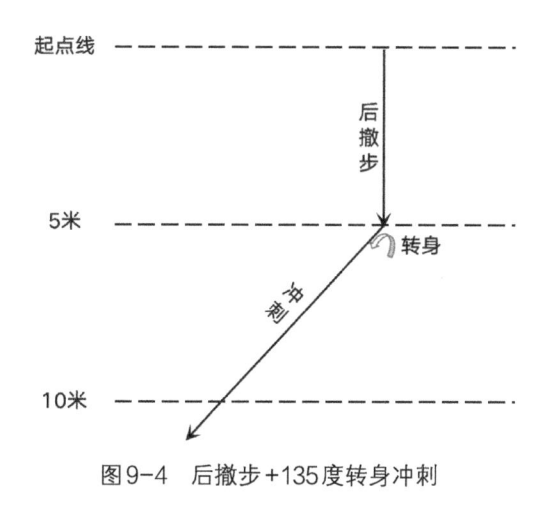

五、绳梯·卡里奥卡交叉步

训练目的

该训练基于卡里奥卡交叉步的训练思路，结合绳梯进一步发展练习者的灵敏性和协调性。

训练方法

1. 练习者以直立姿势侧对绳梯起点准备。

2. 以左脚开始为例，左脚从右腿前踏入第一方格，右脚从左腿后踏入第二方格。

3. 以此方式继续进行前交叉步和后交叉步运动，直至完成绳梯。

提示

1. 落脚应迅速，落点应清晰，且确保落点在绳梯的方格内，并进行快速侧向移动。

2. 可以左脚开始或以右脚开始，并重复此训练。（见图 9-5）

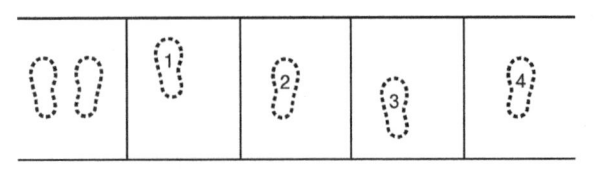

图9-5 绳梯·卡里奥卡交叉步

六、绳梯·侧向"之"字形移动

训练目的

该训练旨在发展练习者的灵敏性、平衡性和协调性。

训练方法

1.练习者以直立姿势面向绳梯的第一方格准备。

2.左脚踏入第一方格；右脚前进一步，落在第一方格前。

3.左脚向右侧横向迈出一步，落在第二方格内；右脚后退一步，落在第二方格后。

4.以此方式继续行进，直至完成绳梯。

提示

训练过程中保持身体挺直、平衡、稳定，双脚分别准确落入方格内外。

进阶练习

1.以背向移动的方式进行此训练。

2.可以左侧开始或以右侧开始，并重复此训练。（见图9-6）

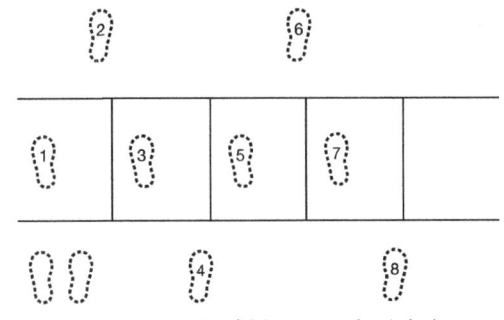

图9-6 绳梯·侧向"之"字形移动

七、绳梯·跳房子+抛接球

训练目的

该训练旨在增强练习者下肢的弹性力量,提高其手眼协调能力和反应速度。

训练方法

1.练习者双脚在绳梯外跳一格,单脚在绳梯内跳一格;以此方式继续行进。

2.跳跃过程中教练在绳梯外抛球,练习者接球并抛回给教练。

3.重复抛接,直至完成绳梯。

提示

1.在跳跃过程中强调短触地时长。

2.训练过程中尽量目视前方,并确保准确完成抛接。

进阶练习

以向后跳跃的方式进行此训练。(见图9-7)

图9-7 绳梯·跳房子+抛接球

八、标志桶·40米正方形滑步

训练目的

该训练旨在发展练习者的柔韧性和步法准确性,增强其腹股沟区域的力量。

训练方法

1.将4个标志桶编号为1、2、3、4,摆放成边长为10米的正方形。

2.练习者以两点式在1号标志桶位置准备。

3.向前冲刺10米,到达2号标志桶。

4.转身180度,向左侧滑步10米,到达3号标志桶。

5.转身180度,后撤步10米,到达4号标志桶。

6.转身180度,向右侧滑步10米,返回至起点。

提示

尽可能缩短步法转换的时间,保持流畅、连贯。(见图9-8)

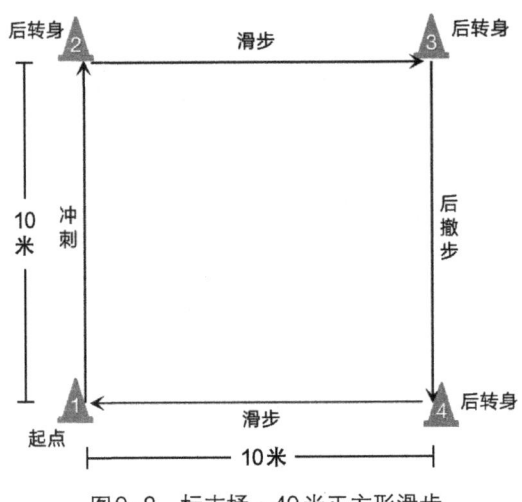

图9-8 标志桶·40米正方形滑步

九、标志桶·"E"形混合灵敏跑

训练目的
该训练旨在发展练习者的快速变向和步法转换能力。

训练方法
1. 将6个标志桶编号为1—6；将1号、2号标志桶相距10米横向摆放成一排；右侧为1号、4号、6号标志桶，左侧为2号、3号、5号标志桶，每侧标志桶之间的距离为5米。

2. 练习者以两点式在1号标志桶位置准备。

3. 快速向左侧滑步至2号标志桶。

4. 冲刺至3号标志桶。

5. 快速向右侧滑步至4号标志桶。

6. 绕过该标志桶，向左侧滑步，返回至3号标志桶。

7. 冲刺至5号标志桶。

8. 快速向右侧滑步至6号标志桶。

9. 绕过该标志桶，向左侧滑步，返回至5号标志桶。

10. 后撤步至2号标志桶；快速向右侧滑步，返回至起点，完成此训练。

提示
尽可能缩短步法转换的时间，保持流畅、连贯。

进阶练习
可以多种移动方式、步法或反向路线进行此训练。（见图9-9）

图9-9 标志桶·"E"形混合灵敏跑

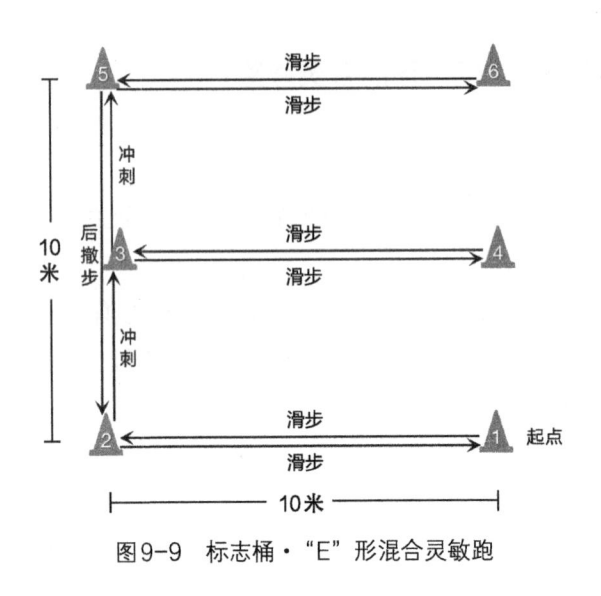

十、标志桶·蛇形综合灵敏跑

训练目的

该训练旨在发展练习者迅速变向、躲闪、变换身体姿势、应用多种跑动技能、迅速转换方面的能力。

训练方法

1. 将7个标志桶编号为1、2、4、5、7、8、10，竖向摆放成一排，每个标志桶之间的距离为5米；在2号、5号和8号标志桶的侧面5米处再各摆放1个标志桶，编号为3、6、9。

2. 练习者右脚靠近1号标志桶，以两点式侧向站位准备。

3. 在1号标志桶位置冲刺5米至2号标志桶；随后快速向左侧横向滑步至3号标志桶，绕过3号标志桶后快速冲刺至4号标志桶。

4. 以此方式继续行进，完成此训练。

提示

保持整个训练过程流畅、连贯，以最短时间完成。

进阶练习

可以不同的姿势（如躺着、四点站立等）开始，也可改变标志桶之间的距离进行此训练。（见图9-10）

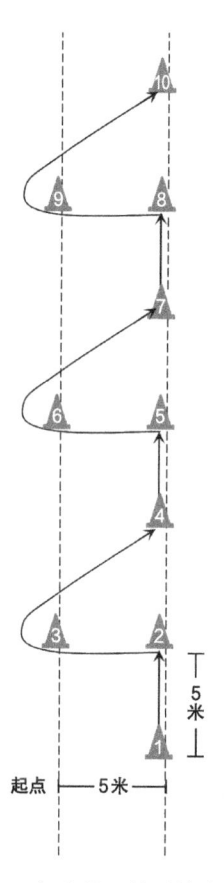

图9-10 标志桶·蛇形综合灵敏跑

十一、标志桶·"Z"形切入

训练目的

该训练旨在发展练习者的脚步反应能力。

训练方法

1. 将6个标志桶编号为1—6，横向摆放成两排，两排标志桶相距5米；将1号、3号、5号标志桶分别摆放在第一条线上的0米、10米和20米处，将2号、4号、6号标志桶分别摆放在第二条线上的5米、15米和25米处。

2. 练习者以两点式在1号标志桶位置准备，斜对角冲刺至2号标志桶。

3. 外侧的脚站稳后迅速转身冲刺至3号标志桶。

4. 重复上述步骤，通过所有的标志桶。

提示

保持整个训练过程流畅、连贯，以最短时间完成。（见图9-11）

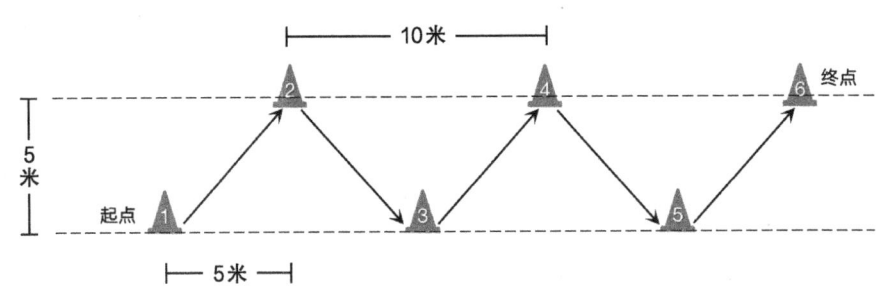

图9-11　标志桶·"Z"形切入

十二、标志桶·"Z"形对角线滑步

训练目的

该训练旨在发展练习者的左、右移动步法能力和敏捷性。

训练方法

1. 将6个标志桶编号为1—6，横向摆放成两排，两排标志桶相距5米；将1号、3号、5号标志桶分别摆放在第一条线上的0米、10米和20米处，将2号、4号、6号标志桶分别摆放在第二条线上的5米、15米和25米处。

2.练习者以两点式在1号标志桶位置准备，斜对角侧滑步至2号标志桶。

3.外侧的脚用力切入，反向侧滑步至3号标志桶。

4.重复上述步骤，通过所有标志桶。

提示

保持整个训练过程流畅、连贯，以最短时间完成。（见图9-12）

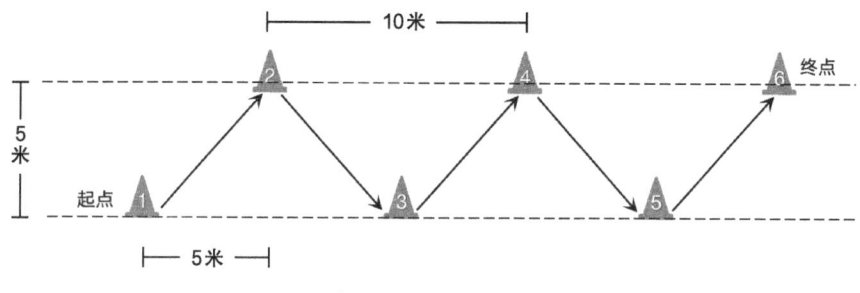

图9-12　标志桶·"Z"形对角线滑步

十三、标志桶·直角练习

训练目的

该训练旨在发展练习者的加速、急停、横向与纵向移动转换能力。

训练方法

1.将1—4号标志桶如图9-13所示摆放，每个标志桶之间的距离为5米。

2.练习者根据口令，冲刺5米至2号标志桶，用优势手触桶。

3.根据口令，向右侧滑步5米至3号标志桶，用优势手触桶。

4.根据口令，冲刺5米至4号标志桶，用优势手触桶。

提示

1.保持整个训练过程流畅、连贯，以最短时间完成。

2.注意保持低重心，在滑步时髋关节和膝关节保持屈曲，并尽可能快地移动双脚。

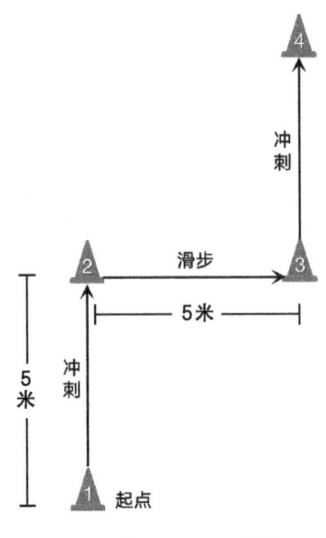

图9-13　标志桶・直角练习

十四、标志桶・侧滑步+斜角滑步+冲刺

训练目的
该训练旨在发展练习者的连续不同方向滑步能力。
训练方法
1.将1—6号标志桶如图9-14所示摆放，1号、2号桶之间的距离为4米，1号、3号桶之间的距离为3米，4号、5号、6号标志桶同样。

2.练习者从起点（1号标志桶位置）向左侧滑步4米至2号标志桶，用优势手触桶。

3.向右斜对角滑步5米至3号标志桶，用优势手触桶。

4.向左斜对角滑步5米至4号标志桶，用优势手触桶。

5.向右斜对角冲刺5米至5号标志桶，用优势手触桶。

6.向左侧滑步4米至6号标志桶，用优势手触桶。

提示

保持整个训练过程流畅、连贯，以最短时间完成。

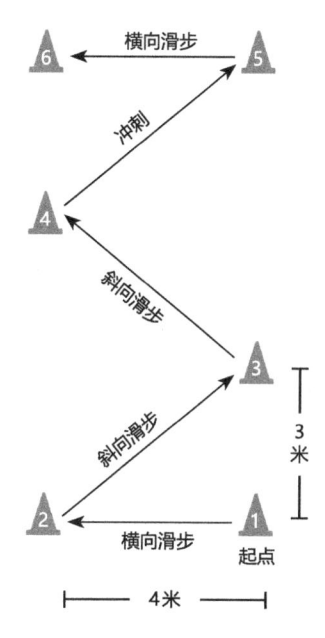

图9-14 标志桶·侧滑步+斜角滑步+冲刺

十五、标志桶·斜向冲刺+横向滑步

训练目的

该训练旨在发展练习者的控制变向能力，使之熟练掌握滑步和斜向冲刺两种动作模式。

训练方法

1.将1—5号标志桶如图9-15所示摆放成闪电图形。

2.练习者从1号标志桶位置斜对角冲刺20米至2号标志桶。

3.向左侧横向滑步16米至3号标志桶。

4.斜对角冲刺20米至4号标志桶。

5.向左侧横向滑步16米至5号标志桶。

提示

1.保持整个训练过程流畅、连贯，以最短时间完成。

2.保持头部抬起、眼睛向前看的姿势，以余光找到标志桶。

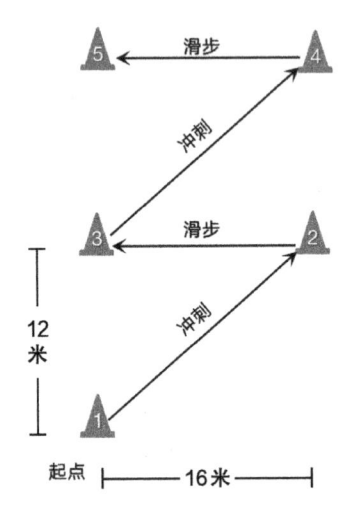

图9-15 标志桶·斜向冲刺+横向滑步

十六、标志盘·"T"形练习

训练目的

该训练旨在提高练习者变向和转换动作模式时控制身体姿势的能力，以及在减速和加速阶段力的传导效率。

训练方法

1.将3个标志盘编号为1、2、3，摆放成三角形。1号标志盘为顶点；2号和3号标志盘之间的距离为5米，其中间点距1号标志盘6米。

2.练习者在1号标志盘位置准备。

3.冲刺至2号、3号标志盘的中间点。

4.侧滑步至2号标志盘。

5. 变向滑步至3号标志盘。
6. 再次变向滑步返回至2号、3号标志盘的中间点。
7. 倒退跑返回至1号标志盘，完成此训练。
提示
每次变向适时调整身体重心，保持流畅、连贯。（见图9-16）

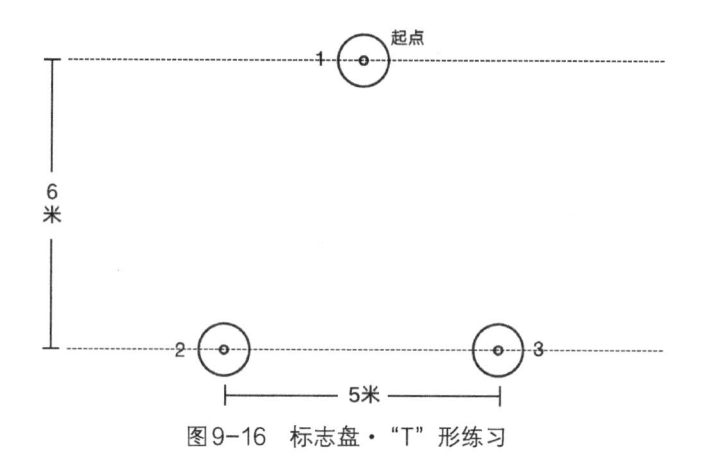

图9-16 标志盘·"T"形练习

十七、标志盘·侧滑步（双人竞速）

训练目的
该训练旨在发展练习者连续滑步的同时观察对手位置的能力。
训练方法
1. 将3个标志盘横向摆放成一排。
2. 练习者和搭档在2号标志盘位置准备，同时侧滑步至3号标志盘。
3. 到达3号标志盘后立即侧滑步至1号标志盘。
4. 不停顿，侧滑步返回至2号标志盘，完成此训练。
提示
尽可能保持身体重心稳定，不能有过大的起伏；保持动作的流畅性。
（见图9-17）

图9-17 标志盘·侧滑步（双人竞速）

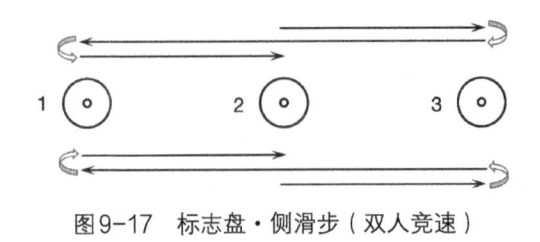

十八、障碍物·横向跨步+冲刺

训练目的

该训练旨在发展练习者的横移变向和加速能力。

训练方法

1.将障碍物横向摆放成一排，每个障碍物之间的距离在1米之内。练习者以两点式准备。

2.快速横向跨步，连续通过所有障碍物。

3.完成横向跨步后迅速转身，直线冲刺跑过该组障碍物，返回至起点。

提示

跨步时应尽可能加快速度，踝关节保持背屈状态。（见图9-18）

图9-18　障碍物·横向跨步+冲刺

十九、口令·号码练习

训练目的

该训练旨在发展练习者在固定区域内反应与动作灵敏结合的能力。

训练方法

1.将6个标志桶编号为1—6，横向摆放成两排，1—3号标志桶为第一排，4—6号标志桶为第二排；每个标志桶之间的距离为10米。练习者在1号和4号标志桶之间准备。

2.教练发出口令，随机喊出一个数字。

3.练习者迅速冲刺至相应的标志桶；到达后原地踏步，等待教练发出下一个口令。

提示

1.每组训练时长约为10秒，变向2—4次。

2.练习者应时刻保持专注和敏锐的听觉，以迅速响应信号和指令。

进阶练习

1.教练同时喊出多个数字（不超过3个），练习者按顺序执行。

2.设置更多排标志桶。

3.将标志桶按颜色划分，可发出数字或颜色指令，增加变化。（见图9-19）

图9-19　口令·号码练习

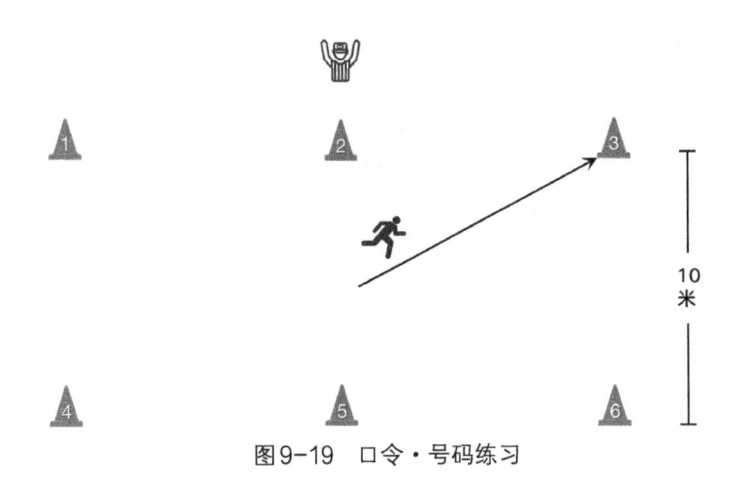

二十、正方形格·镜像滑步

训练目的

该训练旨在发展练习者的步法能力，以及观察对手的运动并做出相应反应的能力。

训练方法

1.将6个标志桶摆放成两个方形区域，每个标志桶之间的距离为5米。练习者和搭档分别站在两个区域中心准备。

2.练习者选择任意路线向不同标志桶的位置滑步。

3.搭档迅速反应，做出相同动作。

提示

1.教练在训练过程中可随机发出指令，使两人交换角色。

2.练习者和搭档应时刻保持注意力集中，以迅速做出反应。（见图9-20）

图9-20　正方形格·镜像滑步

二十一、敏捷圈·小碎步横向点地+冲刺接球

训练目的
该训练旨在提高练习者的第一步反应速度，以及上、下肢协调能力。

训练方法
1. 练习者在敏捷圈内以小碎步移动两次，并进行一次横向点地，等待指示。
2. 教练在5米外随机投出网球。
3. 练习者迅速冲刺并接球。

提示
练习者应时刻保持注意力集中，以迅速做出反应，在球反弹两次时将它接住。（见图9-21）

图9-21　敏捷圈·小碎步横向点地+冲刺接球

二十二、侧滑步反应练习

训练目的
该训练旨在提高练习者的反应速度、横向灵敏性和移动速度。

训练方法
1.练习者屈髋、屈膝站立准备，等待指令。
2.教练发出方向指令（口令或视觉指令），练习者立即向相应的方向滑步。

提示
全速行进并集中注意力，以最快速度变向。（见图9-22）

图9-22 侧滑步反应练习

二十三、放球练习

训练目的
该训练旨在提高练习者的反应速度，特别是上肢对视觉刺激的反应速度，发展其动作灵敏性。

训练方法
1.搭档双手在肩部高度各持一个网球。练习者屈髋、屈膝，面对搭档站立准备。

2.搭档随机放开一个网球。

3.练习者迅速做出反应，尝试在半空中将球接住。

提示

练习者应时刻保持注意力集中，以在第一时间接住网球，避免它落地。

进阶练习

1.用搭档放球的同侧手接球。

2.搭档同时放开两个网球。（见图9-23）

图9-23　放球练习

二十四、打靶套

训练目的

该训练旨在提高练习者上肢对视觉刺激的反应速度、手眼协调性和动作灵敏性。

训练方法

1.搭档手持靶套，与练习者面对面站立准备。

2.搭档随意移动靶套，练习者进行拍击。

提示

练习者可结合专项动作（如正、反手击球）进行此训练。（见图9-24）

图 9-24　打靶套

二十五、背后抛接球

训练目的
该训练旨在提高练习者上、下肢的反应速度和动作灵敏性。

训练方法
1. 练习者在前方准备，搭档手持网球站在其后方。
2. 搭档随机朝练习者一侧脚附近的地面掷出网球。
3. 练习者冲刺并接球。

提示
练习者在看到球的动向后应迅速做出反应，在落地反弹两次时将它接住。（见图 9-25）

图 9-25　背后抛接球

二十六、反应球练习

训练目的

该训练旨在发展练习者的横向移动和手眼协调能力。

训练方法

1.将4个标志桶摆放成边长为5米的正方形，练习者在其中两个标志桶之间准备，教练在该区域外面对练习者。

2.教练向任意一个标志桶掷出反应球。

3.练习者迅速沿边线侧滑步或冲刺接住球，随后扔回给教练。

提示

练习者应在尽可能短的时间内接住球。

进阶练习

1.可增加标志桶之间的距离。

2.教练可加快掷球速度。（见图9-26）

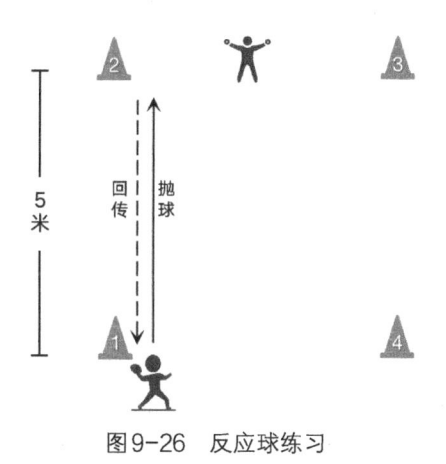

图9-26　反应球练习

第十章

飞盘项目的灵敏移动练习方法

第一节 飞盘运动的项目特征

近年来，飞盘运动在全球范围内日益受到重视并被推广。它作为一项新奇、具有挑战性的团队运动，适用人群广泛，男女、老少皆可参与。飞盘比赛分团队和个人两种形式，其中团队比赛（极限飞盘比赛）是更为常见而流行的比赛形式。极限飞盘比赛的基本规则是两队各5名成员，在限定的场地内互相投掷、接住飞盘，并通过传递、垫盘等方式将飞盘传递到对方场地的得分区域中。如何合理分配场地、确定战术，以应对对方团队的策略也是飞盘比赛中非常重要的环节。在比赛中，选手需要通过技巧和协作来判断对方飞盘的高低、位置和速度，以便做出有效的接盘和传球动作。

高水平的飞盘团队比赛的攻防技术与美式足球（橄榄球）有较多的相似之处。具体来说，在一场完整的极限飞盘比赛中，总距离、高强度跑步距离和冲刺距离分别约为4.7千米、0.6千米和0.2千米，长于高水平手球比赛中运动员的覆盖距离，短于高水平足球比赛中运动员的移动距离。一场足球比赛的持续时间几乎是一场极限飞盘比赛的2倍。尽管极限飞盘运动的运动负荷总量少于足球和橄榄球运动，但三者在运动强度上较为相近。研究指出，极限飞盘运动的心血管负荷值（如平均心率和峰值心率）

非常高，与足球、手球等较为接近。

灵敏素质需求

一项对不同水平中学生分组飞盘比赛进行监控的研究使用GPS进行比赛中的定位监控和技术动作记录，结果表明，相较于体能测试成绩较差的分组，体能水平较高的分组往往表现出更长的跑动总距离、快速跑距离和冲刺跑距离，且在传球、进攻决策和球员参与上，后者的情况同样显著优于前者。不同的体能水平对飞盘运动的强度等级有着显著的影响，选手在组队、参与极限飞盘比赛时应合理选择适宜的比赛类型，在日常体能训练中也应加入多种速度及灵敏练习。另外，极限飞盘比赛场地不同，对选手的灵敏素质的要求也有所区别。研究表明，在场地面积较大的飞盘比赛中，选手的跑动总距离、快速跑距离和冲刺跑距离显著长于场地面积较小的飞盘比赛。

整体而言，飞盘运动对参与者的灵敏素质要求较高，其中既包括动作灵敏性，也包括反应灵敏性。在比赛中，飞盘的飞行轨迹和着地点难以预测，当前场景和对手的状态也都会对接盘造成影响，要求选手有较快的反应速度，能够及时调整动作，完成接盘。

第二节　飞盘运动的动作特征

飞盘运动强调技术和协作性，运动员只有掌握技术和基本动作，才能在比赛中表现出色。在飞盘比赛中，运动员需要掌握基本的飞盘传递技巧，以及头球、胸部接盘、单手和双手滚动等技术，从而更有效地完成接盘、传递等动作，提高个人和团队的得分和胜率。

一、投掷动作

作为一种技术性运动项目，飞盘运动要求选手在参加比赛时掌握一定的基本技巧，其中投掷是比赛中最重要，而且是最基础的动作。投掷飞盘的准确性和力度不仅会直接影响比赛成绩，而且会影响选手的技术点数和竞赛体验。

第一种投掷动作是胸部投掷，即正手投掷。胸部投掷较易上手，也是初学者较为常用的一种投掷方式。投掷时，选手需要调整好自己的站姿，面对目标区域，将飞盘握在双手中央，上方的手的手掌拍打飞盘底部，下方的手握住飞盘边缘。随后，双臂向后带飞盘，身体稍微屈曲，借助身体瞬间的扭动快速将飞盘抛出。投掷时需保持飞盘水平，使之在空中稳定旋转。接下来，选手会看到飞盘快速飞向目标区域，等待它被队友接住，完成传递和得分任务。

第二种投掷动作是侧臂投掷，即反手投掷。侧臂投掷是强调高技术水平的投掷方式，需要选手花费大量的时间来练习并总结经验。投掷时，选手需要将飞盘握在右手手掌和食指指尖之间，然后四肢微屈，右臂向后顺势摆动，推抛出飞盘。抛飞盘时要注意飞盘的旋转，飞盘仍然在掌心时要保持手腕的柔韧性，用手腕实现飞盘旋转，并且使之在空中产生稳定的旋转状态。侧臂投掷时需要注意投掷的力度和角度，以此来规避对方的防守。实践中，选手可适当调整投掷角度，并且使用跨越法等技巧来提升投掷技能和得分点数。

在不断的实践中，选手需要根据对手团队的不同防守策略及时做出适宜的飞盘投掷动作。同时，需要提高自己的速度、本能反应和技巧水平，以在激烈的竞技场上赢得比赛。

二、接盘动作

在飞盘比赛中，除了投掷动作，高质量的接盘也是不可忽视的。因此，选手需要在平时的练习中注重注意力的训练，提高反应速度和判断能力，以在比赛中更好地完成接盘任务。

第一种接盘动作是托盘接盘。在接盘时，选手需要蹲下身体，接近飞盘落点，将手指伸直，放在飞盘底部和手掌之间。随后，将飞盘顺势向上抬起，直至飞盘的边缘贴住手掌边缘，双手托住飞盘，完成接盘。在托盘接盘的过程中，选手需要注意飞盘的旋转方向和速度，手要迅速托住飞盘，保证飞盘不掉落，且尽可能避免飞盘失去方向。

第二种接盘动作是竖抱接盘。在飞盘下降的过程中，选手要利用身体的重心向前移动，调整双手，掌心上、下相对，在接触飞盘时迅速合拢拍夹飞盘中心，使之停止旋转，完成接盘。在竖抱接盘的过程中，选手需要掌握好时间、距离等要素，以便稳住飞盘，同时，在不失去平衡和稳定性的前提下向前移动。

第三种接盘动作是"空中摘星"。这是一种高难度的接盘方式，要求选手在空中完成接盘，在空中跳起，伸手抓住即将降落的飞盘，并顺势稳住身体，完成接盘。在"空中摘星"的过程中，选手需要注意时间、距离、稳定性等，同时要有较好的反应速度和抓取能力。

总体来说，飞盘选手需要在平时练习各种接盘方式，不断提高自己的接盘技术水平，以此增加自身在比赛中的优势。无论哪一种技术动作，都需要选手具有卓越的身体协调性和敏捷的反应能力，只有这样，才能在团队合作中获得更好的得分和比赛表现。

第三节　飞盘项目灵敏移动练习动作及进阶

一、推墙提膝

训练目的
该训练旨在强化练习者正确的冲刺动作模式，重点提高其屈髋、屈膝速度。

训练方法
1. 练习者面对墙壁，以双脚前脚掌撑地站立；以45—60度角靠向墙，用双臂支撑身体。
2. 保持身体直立并收紧；抬起一条腿，大腿大致平行于地面，踝关节保持背屈状态。
3. 抬起的小腿应与支撑腿保持平行。
4. 连续提膝4—6秒。

提示
尽力保持正确的身体姿势，避免弓背或圆肩。（见图10-1）

图10-1　推墙提膝

二、坐姿摆臂

训练目的

该训练旨在提高练习者冲刺时上肢和核心协调发力的动作质量、跑步技术水平,以及动作速度。

训练方法

1.练习者坐于地面,双腿向前伸直;双臂位于身体两侧,前、后臂约成90度角。

2.像做冲刺动作那样摆动双臂。前臂应摆动至身体前面,大约与肩同高;后臂应摆动至臀部后面。

提示

1.双臂放松;每只手臂应作为一个整体移动,前、后臂约成90度角。

2.手臂在向前和向后摆动的过程中不应越过身体的中线。

3.不要因为训练时用力而使身体弹离地面。

进阶练习

练习者双脚与肩同宽,以站立姿势进行此训练。(见图10-2、图10-3)

图10-2 坐姿摆臂

图 10-3　站姿摆臂

三、拉轻车跑

训练目的

该训练旨在增强练习者跑步的力量和爆发力，增大其步幅。

训练方法

1.练习者以重量为自身体重10% — 13%的雪橇车作为负重。

2.冲刺15 — 20米。

提示

保持正确的冲刺动作进行负重练习。（见图10-4）

图 10-4　拉轻车跑

四、下跌启动+冲刺

训练目的

该训练旨在训练练习者启动时的快速换腿，以及加速时正确的身体倾斜姿势。

训练方法

1. 练习者以直立姿势准备。
2. 身体向前倾，直至失去平衡；全力加速冲刺20—30米。

提示

在身体前倾的过程中掌握好重心。（见图10-5）

图10-5 下跌启动+冲刺

五、慢速启动+冲刺

训练目的

该训练旨在训练练习者从慢跑到全力加速的转换。

训练方法

1. 练习者在起点线后5米处准备。

2.慢跑至起点线,立即全力加速冲刺30米。
提示
在尽可能短的时间内完成速度转换。(见图10-6)

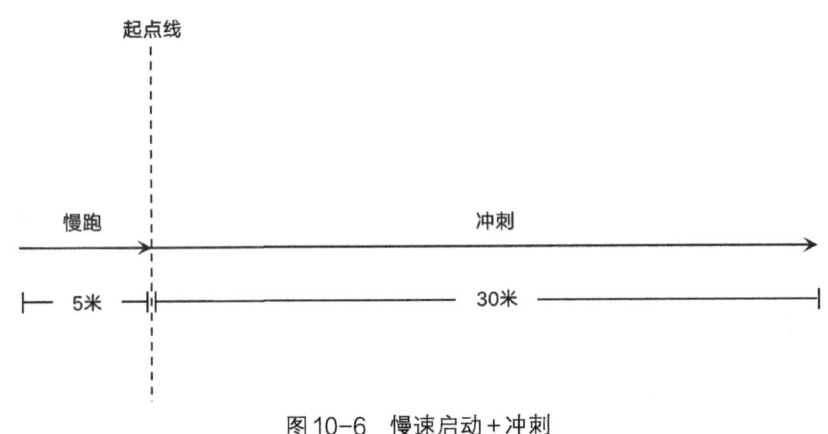

图10-6 慢速启动+冲刺

六、40米直线后撤步+冲刺

训练目的
该训练旨在发展练习者的变向和步法转换能力。
训练方法
1.练习者以两点式背对起点线准备。
2.后撤步5米,以任意一只脚触线;冲刺返回至起点线,并以任意一只脚触线。
3.后撤步10米,以任意一只脚触线;冲刺返回至起点线,并以任意一只脚触线。
4.后撤步5米,以任意一只脚触线;冲刺返回至起点线。
提示
1.尽可能缩短步法转换的时间,保持流畅、连贯。
2.冲刺时强调爆发力和速度,以及不同步法正确的姿势和技术。(见

图10-7）

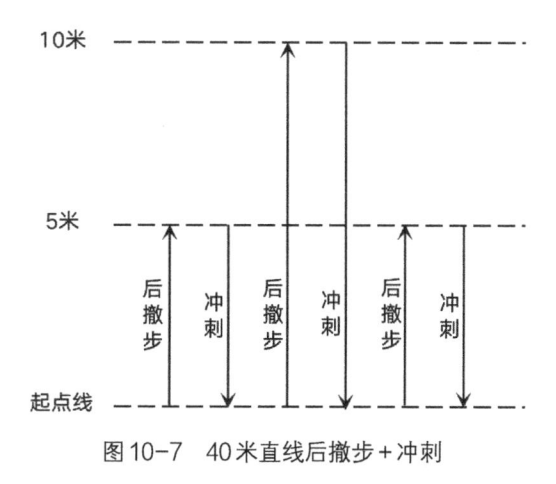

```
10米 ---------

5米  ---------
     后 冲 后 冲 后 冲
     撤 刺 撤 刺 撤 刺
     步   步   步
起点线 ---------
```

图10-7　40米直线后撤步+冲刺

七、40米直线后撤步+转身180度冲刺

训练目的

该训练旨在发展练习者的灵敏性和变向能力。

训练方法

1.练习者以两点式背对起点线准备。

2.后撤步10米；向右侧转身180度，冲刺10米，以任意一只脚触线。

3.后撤步10米；向左侧转身180度，冲刺10米，返回至起点线。

提示

1.尽可能缩短步法转换的时间，保持流畅、连贯。

2.转身时注意保持身体平衡。

3.冲刺时强调爆发力和速度，以及不同步法正确的姿势和技术。（见图10-8）

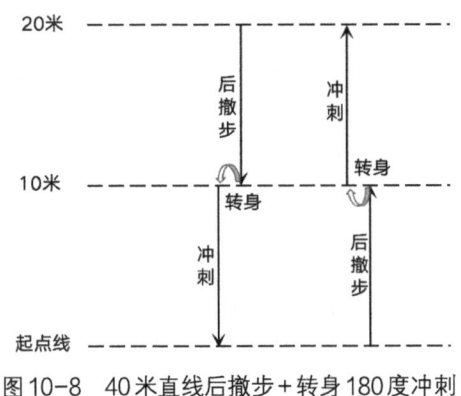

图10-8　40米直线后撤步+转身180度冲刺

八、后撤步+转身45度冲刺

训练目的

该训练旨在发展练习者的变向和转身后加速能力。

训练方法

1. 练习者以两点式背对起点线准备。

2. 后撤步10米，到达标志线。

3. 转身45度，向右侧或左侧斜对角加速冲刺20米。

提示

1. 尽可能缩短步法、方向转换的时间，保持流畅、连贯。

2. 冲刺时强调爆发力和速度，以及不同步法正确的姿势和技术。（见图10-9）

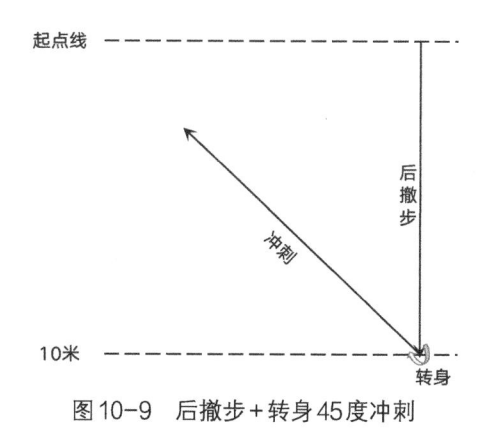

图10-9　后撤步+转身45度冲刺

九、标志桶·"V"形灵敏跑

训练目的

该训练旨在发展练习者的快速变向能力、平衡能力和协调性。

训练方法

1.将3个标志桶编号为1、2、3，摆放成"V"形；1号标志桶为起点（练习者以两点式在此处准备），2号、3号标志桶被分别摆放在1号标志桶前方10米左、右45度的位置。

2.练习者向左斜前方冲刺至2号标志桶，以倒退跑的方式迅速返回至1号标志桶。

3.向右斜前方冲刺至3号标志桶，以倒退跑的方式迅速返回至1号标志桶。

提示

1.尽可能缩短步法转换的时间，保持流畅、连贯。

2.冲刺时强调爆发力和速度，以及不同步法正确的姿势和技术。

进阶练习

1.可以不同的起始姿势（如仰卧、四点支撑等）进行此训练。

2.可以不同的步法进行此训练，以增加难度。（见图10-10）

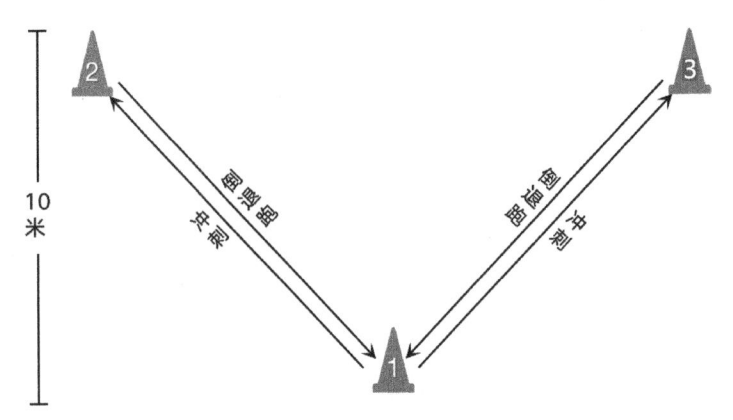

图 10-10　标志桶·"V"形灵敏跑

十、标志桶·蛇形对角灵敏跑

训练目的

该训练旨在发展练习者的大幅度变向和身体姿势控制能力，以及技能之间的转换和切入能力。

训练方法

1.将4个标志桶编号为1、2、3、4，摆放成边长为10米的正方形；在正方形中间摆放一个标志桶，编号为5。

2.练习者在1号、4号标志桶之间面向1号标志桶准备；启动后全速向1号标志桶冲刺，然后绕过。

3.绕过1号标志桶后，全速向5号标志桶冲刺；绕过并转身90度向2号标志桶冲刺，然后绕过。

4.全速向3号标志桶冲刺，绕过并转身向5号标志桶冲刺；绕过并转身向4号标志桶冲刺。

5.绕过4号标志桶后转身，全速向终点冲刺。

提示

保持整个训练过程流畅、连贯，以最短时间完成。（见图10-11）

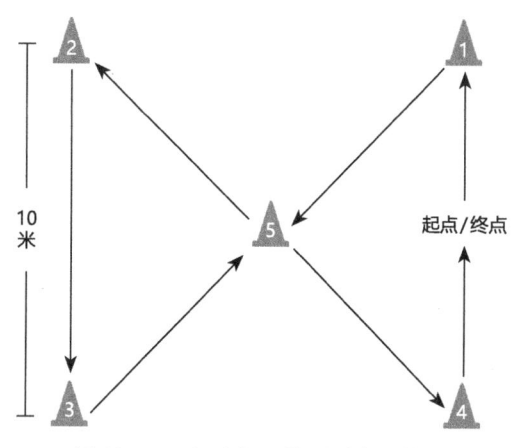

图 10-11　标志桶·蛇形对角灵敏跑

十一、标志桶·后撤步+冲刺（直线）

训练目的

该训练旨在发展练习者的快速转髋和变向冲刺能力。

训练方法

1.将1—5号标志桶如图10-12所示摆放，每个标志桶之间的距离为5米。

2.练习者以两点式面向起点的1号标志桶准备；后撤步5米，向右侧转身，冲刺5米至3号标志桶。

3.向左侧转身，后撤步5米至4号标志桶；向左侧转身，冲刺5米至终点的5号标志桶。

提示

保持整个训练过程流畅、连贯，以最短时间完成。

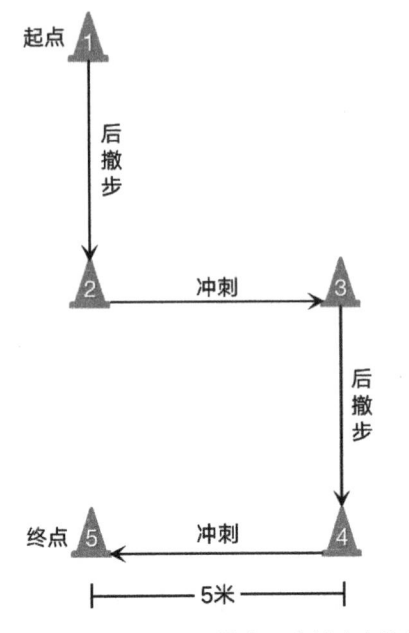

图 10-12　标志桶·后撤步 + 冲刺（直线）

十二、标志桶·"W"形后撤步 + 冲刺

训练目的

该训练旨在发展练习者的连续变向能力。

训练方法

1.将 1 — 5 号标志桶如图 10-13 所示摆放成 "W" 形。

2.练习者以两点式准备，向右后方 45 度方向后撤步 10 米至 2 号标志桶，到达 2 号标志桶后向右侧转身，向 3 号标志桶全速冲刺。

3.到达 3 号标志桶后，后撤步至 4 号标志桶；向右侧转身，向 5 号标志桶全速冲刺。

提示

保持整个训练过程流畅、连贯，以最短时间完成。

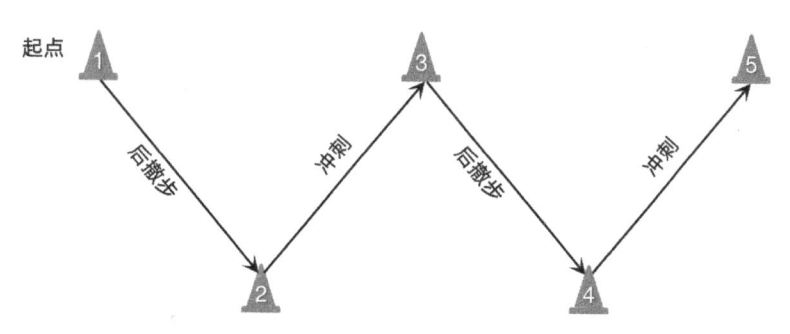

图10-13 标志桶·"W"形后撤步+冲刺

十三、标志桶·45米"Z"形灵敏跑

训练目的

该训练旨在发展练习者的变向能力、髋关节灵活性和步法能力。

训练方法

1.将标志桶摆放成"Z"形。1号、2号标志桶之间的横向距离为9米，纵向距离为12米；3号、4号标志桶同样。

2.练习者以两点式在1号标志桶位置准备；向左前方冲刺15米至2号标志桶，将右手放在地面作为支点，向右转绕过标志桶。

3.向右前方冲刺至3号标志桶，将左手放在地面作为支点，向左转绕过标志桶；向左前方冲刺15米至4号标志桶，越过终点。

提示

保持整个训练过程流畅、连贯，以最短时间完成。（见图10-14）

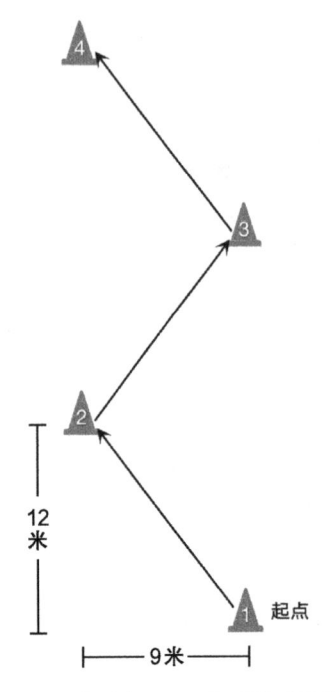

图 10-14　标志桶·45米"Z"形灵敏跑

十四、标志盘·"8"字练习

训练目的

该训练旨在发展练习者的身体控制能力和在小范围内多方向变向能力。

训练方法

1.将5个标志盘编号为1—5，摆放成"X"形，中间为1号，左上角为2号，右上角为3号，左下角为4号，右下角为5号；2号、3号、4号、5号标志盘之间的距离为1米。

2.练习者在2号标志盘位置准备。

3.以小碎步完成2—3—1—4—5—1—2路线和2—1—5—4—1—3—2路线，重复至既定次数。

提示

加快步法速度，及时调整身体重心，变向时保持流畅。

进阶练习

可以不同的步法或结合专项技能进行此训练。（见图10-15）

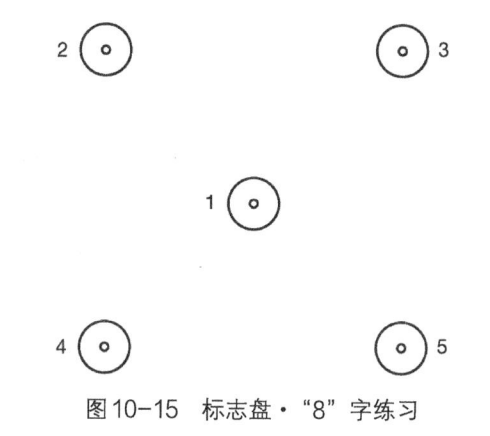

图10-15　标志盘·"8"字练习

十五、栏架·跑栏

训练目的

该训练旨在提高练习者的步频和下肢平衡能力，增强其髋屈肌力量。

训练方法

1.将栏架竖向摆放成一排。

2.练习者以两点式在第一个栏架后准备。

3.依次跑过所有栏架，完成此训练。

提示

1.可一步或两步跑过每个栏架，也可在栏架尽头变向进行折返练习。

2.跑动过程中注意膝盖和脚趾朝上，同时提高步频。

进阶练习

以后退的方式进行此训练。（见图10-16）

图 10-16　栏架·跑栏

十六、栏架跳箱组合·"L"形单脚跳+跳箱弓步提膝

训练目的
该训练旨在发展练习者结合变向连续单腿跳跃和调整身体姿势的能力。

训练方法
1. 将2个栏架摆放成"L"形，并在其斜前方摆放一个跳箱。
2. 练习者单脚站立，双臂在身体两侧，屈髋、屈膝在横向栏架后准备。
3. 单脚跳起，依次跃过所有栏架。
4. 弓步提膝，踏上跳箱。

提示
1. 单脚跳跃落地时应注意缓冲，膝盖、脚尖朝前，避免内扣。
2. 组合练习的转换过程应连贯、流畅。
3. 上跳箱时以最大爆发力蹬踏，并保持身体平衡。（见图10-17）

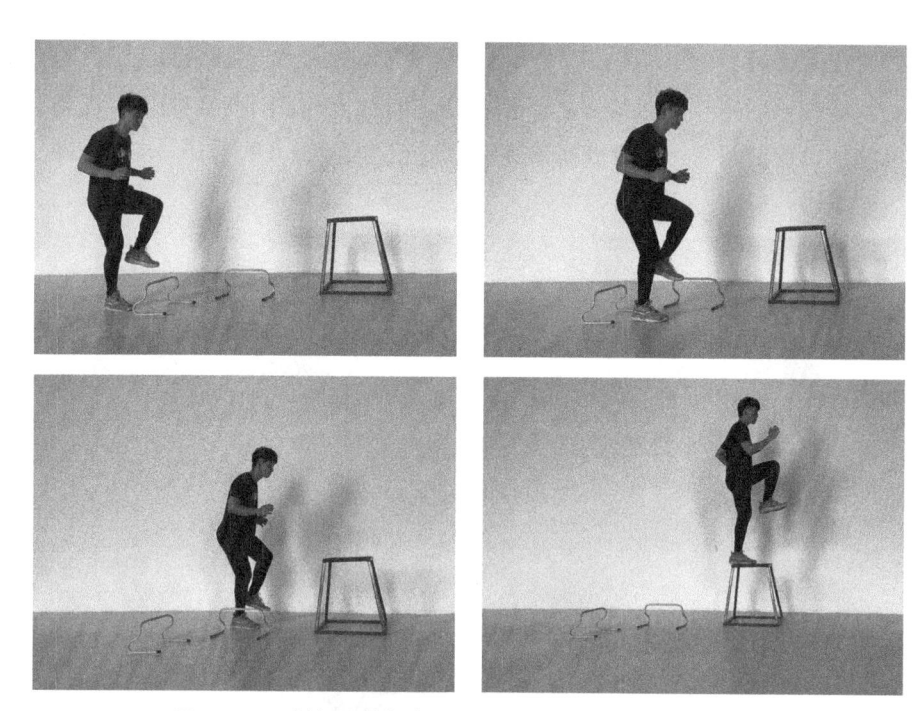

图10-17　栏架跳箱组合·"L"形单脚跳+跳箱弓步提膝

十七、口令·标志桶变向练习

训练目的
该训练旨在发展练习者的反应灵敏性和多方向移动能力。

训练方法
1. 将3个标志桶摆放成边长为5米的三角形。练习者在任意一个标志桶的位置准备。
2. 顺时针冲刺并触碰标志桶。
3. 教练在训练过程中随机发出口令，使练习者变换冲刺方向。

提示
1. 时刻保持注意力集中，以迅速做出反应。
2. 可以不同的步法进行此训练。

进阶练习

增加一名搭档追赶练习者,搭档在逆时针方向相邻标志桶位置准备,可施加口令使两名练习者变换追逐和被追逐的角色。(见图10-18)

图10-18　口令·标志桶变向练习

十八、敏捷圈·小碎步横向点地+口令冲刺

训练目的

该训练旨在改善练习者的第一步反应速度和反应时间。

训练方法

1.在起点摆放一个敏捷圈,在其前方5米处摆放一个标志桶。练习者在敏捷圈外准备。

2.以小碎步等待教练的指令。

3.教练发出口令或视觉指令,提示练习者做横向点地或冲刺。

4.练习者在冲刺时触碰标志桶;随后折返至起始位置,继续以小碎步等待下一个指令。

提示

时刻保持注意力集中,以迅速做出反应。(见图10-19)

图10-19 敏捷圈·小碎步横向点地+口令冲刺

十九、口令·冲刺+倒退跑

训练目的

该训练旨在改善练习者的反应时间,发展其变向能力。

训练方法

1.练习者以两点式准备,冲刺。

2.教练随机发出口令,练习者在冲刺和倒退跑之间转换。

提示

1.教练可在不同的距离点发出口令,增加随机性。

2.集中注意力全速行进,以最快速度转换步法。

进阶练习

每次转换前完成一次快速伸缩复合练习(如团身跳、弓步跳、爆发式俯卧撑等)。(见图10-20)

图 10-20　口令·冲刺+倒退跑

二十、绳梯·侧向进出+抛接球

训练目的

该训练旨在改善练习者的反应速度、场地空间感觉、肢体对视觉或听觉刺激的反应、动作灵敏性和整体运动能力。

训练方法

1.练习者以直立姿势面向绳梯的第一方格准备。

2.右脚向斜前方踏入第一方格；左脚迅速跟进，同样踏入第一方格。

3.右脚踏到第一方格斜后方外；左脚迅速跟出，同样踏到第一方格外。

4.以此方式逐一踏入、踏出所有方格。

5.跳跃过程中，教练在绳梯外抛球，练习者接球并抛回给教练。

6.重复抛接，直至完成绳梯。

提示

1.落脚应迅速，落点应清晰，且确保落点在绳梯的方格内，并进行快速侧向移动。

2.训练过程中尽量目视前方，并确保准确完成抛接。

进阶练习

可以单脚踏入、踏出的方式进行此训练。（见图10-21）

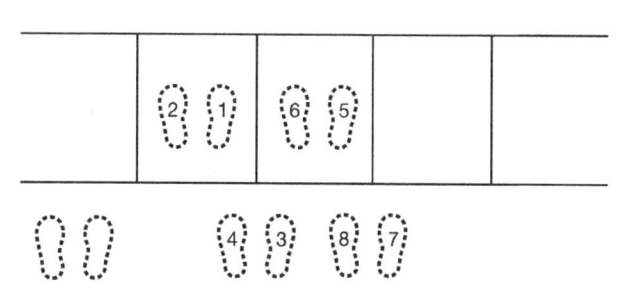

图 10-21　绳梯·侧向进出 + 抛接球

二十一、口令·起身跑

训练目的
该训练旨在发展练习者根据口令改变身体姿势和位置的能力。

训练方法

1. 将 6 个标志桶编号为 1—6，1—3 号标志桶为第一排，4—6 号标志桶为第二排；每个标志桶之间的距离为 10 米。练习者以俯撑姿势在 1 号和 2 号标志桶之间准备。

2. 教练发出口令，随机喊出一个数字。

3. 练习者迅速起身冲刺至相应的标志桶，到达后返回至俯撑姿势，等待教练发出下一个口令。

提示

1. 每组训练时长约为 10 秒，变向 2—4 次。

2. 练习者应时刻保持专注和敏锐的听觉，以迅速响应信号和指令。

（见图 10-22）

图 10-22 口令·起身跑

第十一章

攀岩项目的灵敏移动练习方法

第一节 攀岩运动的项目特征

攀岩是一种在天然岩壁或人工岩壁上进行的向上攀爬的运动项目，通常被归类为极限运动。攀岩运动要求选手在各种高度及不同角度的岩壁上连续完成转身、引体向上、腾挪甚至跳跃等惊险动作，集健身、娱乐、竞技于一身，被称为"峭壁上的芭蕾"。

一、项目类型

一般来说，攀岩项目可以分为室内攀岩和户外攀岩。相较于户外攀岩，室内攀岩的可控性和安全性更高，成为攀岩运动的新兴形式。攀岩除了要求选手具备良好的力量和灵敏素质，也要求选手有相应的攀爬技巧和身体平衡能力。

有研究证明，攀岩选手的手臂、手掌、手指肌肉力量及力量耐力显著优于常人，但其力量优势主要体现在相对力量上，而非绝对力量上。另外，也有研究表明肩部最大力量和力量耐力是攀岩运动表现的决定性因素。此外，有学者指出，攀岩运动还有一个很重要的因素，即心理素质。选手需要在精神上具备坚韧的品质、足够的耐心和坚定的信念，这样才能在确保安全、完成任务的同时克服恐惧心理，保持镇定、自如。

二、灵敏素质需求

攀岩作为一项综合性很强的运动项目，需要参与者拥有出色的灵敏素质。首先，选手需要具备良好的手眼协调能力。在攀岩过程中，选手需要准确地抓住岩石或者其他有效的支撑点，同时，以最快的速度把自己身体的移动情况、方向、角度等信息传递给大脑，再迅速做出下一步的决策，以保证移动动作的质量和效率，减少无效动作造成的体能浪费。此外，反应灵敏水平对于攀岩选手至关重要。在应对岩壁上突然出现的情况（如突出的石头、凸起的地方或是岩石的间隙）时，选手需要随时调整姿势和步伐；在使用支撑点的时候，需要迅速、准确地区分其上方和下方的位置和距离，从而保证身体平稳。

第二节 攀岩运动的动作特征

攀岩运动的动作特征较为多样，其中包括手法、脚法、摆臂、换支撑点等多个技术动作。这些特征对于多种类型攀岩项目都具有重要意义。正确的手法、脚法对选手的手指、手臂、躯干及下肢力量有着极高的要求，换支撑点的过程则需要选手具备较强的平衡感和稳定感。

一、手法

手法是攀岩运动中非常重要的技能。攀岩手法指需要通过手部的支撑和力量来完成攀爬过程的方法。常用的手法有爪手、握拳等。针对不同的攀岩场地和难度等级，不同的手法都有适用性。练习手法要点时需要注意，爪手需通过手指的力度变化保持身体平衡，握拳则需控制手部的力度和支撑点的选择。另外，在难度更高的攀岩路线上，爪手需要精细控制，在适应身体移动的同时提供更为稳定的上爬力量。握拳的技巧表现在手部的力度和支撑点的选择上，有时也需要以手臂的力量来支撑身体，而不仅仅依靠手的力量。在练习攀岩的过程中，选手需要根据自己的身体条件和相关需求选择合适的手法。

二、脚法

攀岩脚法对于攀岩运动是非常重要的技巧之一，选手需要掌握合适的脚点选择、脚的姿势，结合身体重心和手法的变化来保持身体的稳定和平衡，在不同的攀岩路线和场地中提高攀岩的效率和安全性。在攀岩中，攀岩者需要根据不同的场地和难度级别，灵活运用脚法，选择合适的支撑点和摆位，以提高自身的上爬能力和稳定性。掌握攀岩脚法，需要进行不断的练习实践，这样才能更好地完成攀爬，实现目标。

三、换支撑点

在攀岩过程中，如果攀爬路线复杂，就需要不断变换支撑点。攀岩者需要调整身体并变换动作，在完成攀爬的过程中稳定地变换支撑点，迅速反应，保持敏捷性和良好的身体平衡感；充分了解周围环境和攀登路线，并提前制定合适的方案，在此过程中建立好自己的支撑点；对身体的柔韧度、力量、平衡感等有充分的了解，并不断积累经验，以提高自己的攀岩水平；在实践中注意保持身体平衡，熟练掌握技巧，以免出现潜在的风险。在寻找新的支撑点时，攀岩者需要保证有足够的时间和空间，随时准备变换支撑点，并采取相应的安全保障措施，确保攀岩安全、有效地进行。

第三节　攀岩灵敏移动练习动作及进阶

一、标志桶·40米正方形组合移动

训练目的
该训练旨在发展练习者的变向能力、技能之间的转换能力和切入能力。

训练方法
1. 将1—4号标志桶摆放成边长为10米的正方形。
2. 练习者在1号标志桶位置准备，听到口令后冲刺至2号标志桶。
3. 在到达2号标志桶后，向右侧熊爬至3号标志桶；在3号标志桶位置后撤步至4号标志桶。
4. 在4号标志桶位置向左侧熊爬至1号标志桶。

提示
保持整个训练过程流畅、连贯，以最短时间完成。

进阶练习
可将动作顺序改为冲刺 — 单腿跳 — 后撤步 — 单腿跳。（见图11-1）

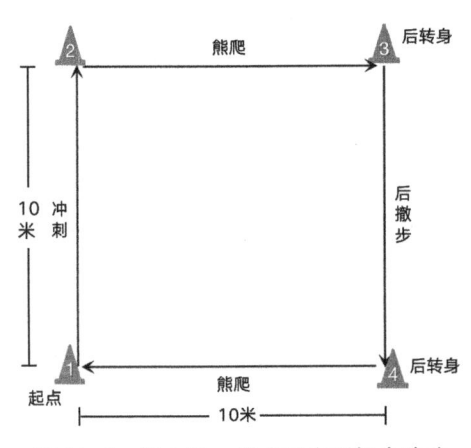

图11-1　标志桶·40米正方形组合移动

二、标志盘·"V"形练习

训练目的

该训练旨在发展练习者在小范围内斜向变向的能力。

训练方法

1.将3个标志盘编号为1、2、3,摆放成"V"形,每个标志盘之间的距离为1米;中间为1号,左上角为2号,右上角为3号。

2.练习者在1号标志盘位置准备。

3.以小碎步前进,完成1—2—1—3路线;重复至既定次数。

提示

加快步法速度,及时调整身体重心,变向时保持动作流畅。

进阶练习

可以不同的步法或结合专项技能进行此训练。(见图11-2)

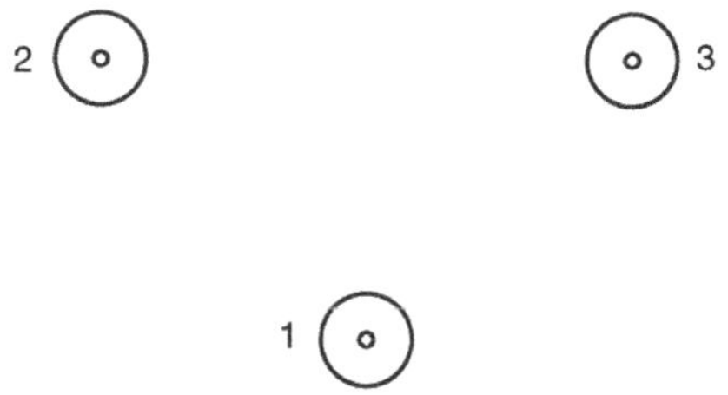

图11-2 标志盘·"V"形练习

三、障碍物·横向跨步+高抬腿

训练目的

该训练旨在发展练习者的横向移动能力和快速屈髋、屈膝能力。

训练方法

1.将障碍物横向摆放成一排,每个障碍物之间的距离在1米之内。练习者以两点式准备。

2.快速横向跨步，连续通过所有障碍物。

3.完成横向跨步后迅速转身，高抬腿直线跑过该组障碍物，返回至起点。

提示

跨步移动时应尽可能加快速度，踝关节保持背屈状态。（见图11-3）

图11-3 障碍物·横向跨步+高抬腿

四、障碍物·横向跨步触碰+跳远

训练目的

该训练旨在使练习者保持低重心的快速脚步动作。

训练方法

1.将障碍物横向摆放成一排，每个障碍物之间的距离大于1米。练习者以两点式准备；横向跨过障碍物，并用双手触碰每个障碍物。

2.在跨过最后一个障碍物后，向前连续跳远两次。

提示

跨步移动时应尽可能加快速度，踝关节保持背屈状态。（见图11-4）

图11-4　障碍物·横向跨步触碰+跳远

五、障碍物·组合移动练习

训练目的

该训练旨在提高练习者的变向能力、协调性、高抬腿动作速度和快速移动步频。

训练方法

1.将7个障碍物摆放成如图11-5所示图形，练习者以两点式准备。

2.横向跨过前两个障碍物，冲刺5米至第三个障碍物前并滑步。

3.后撤步5米，并横向跨过第四、第五个障碍物。

4.冲刺5米至第六个障碍物前并滑步。

5.后撤步5米，横向跨过第七个障碍物。

提示

尽可能保持身体重心稳定，不能有过大的起伏；保持动作的流畅性。

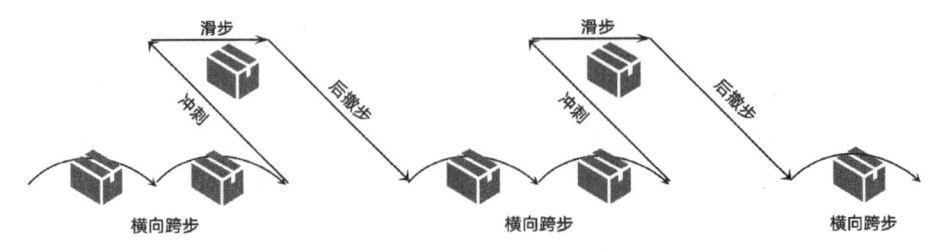

图 11-5　障碍物·组合移动练习

六、瑞士球·爆发式俯卧撑

训练目的

该训练旨在增强练习者上肢推起肌肉群的爆发力，发展其核心稳定性。

训练方法

1.练习者双手撑地，双脚放于瑞士球上。

2.屈肘降低身体重心；随后迅速将身体向上推离地面，返回至起始姿势。

提示

1.训练过程中始终保持核心收紧，身体呈一条直线。

2.以最大爆发力推起身体；落地时注意缓冲，避免受伤。（见图11-6）

图11-6　瑞士球·爆发式俯卧撑

七、小推车

训练目的
该训练旨在发展练习者的身体姿势控制能力和核心稳定性。
训练方法
1.练习者以四点式撑于地面，搭档抓住并提起其双脚。
2.练习者双手交替前行至既定距离。
提示
训练过程中始终保持核心收紧，身体呈一条直线，以最快速度行进。
进阶练习
1.可以横向、圆形等路线移动进行此训练。
2.可结合绳梯、迷你栏架等器材进行此训练。（见图11-7）

图11-7　小推车

八、实心球·俯卧撑+横向移动

训练目的
该训练旨在增强练习者上肢推起肌肉群的爆发力,提高其反应速度。

训练方法
1.练习者双手略宽于肩,以四点式撑于地面(一只手撑在实心球上)准备。
2.完成一次标准俯卧撑,随后将实心球移至另一侧。
3.左、右手交替完成上述步骤。

提示
训练过程中始终保持核心收紧,身体呈一条直线。(见图11-8)

图11-8 实心球·俯卧撑+横向移动

九、爆发式俯卧撑+横向移动

训练目的
该训练旨在提高练习者上肢推起肌肉群的反应速度。

训练方法
1. 练习者双手略宽于肩,以俯卧撑下落位四点式撑于地面准备。
2. 爆发式推起,使身体离开地面,并向一侧转动。
3. 落地,返回至起始姿势。
4. 两侧交替完成"推起"和"落地"步骤。

提示
1. 训练过程中始终保持核心收紧,身体呈一条直线。
2. 根据个人能力选择该动作的适宜强度(如采用跪姿或双脚不腾空);落地时注意缓冲,避免受伤。(见图11-9)

图11-9 爆发式俯卧撑+横向移动

十、口令·标志盘"Y"形跑

训练目的
该训练旨在发展练习者接收信号后迅速决策以进行位移的能力。

训练方法
1.将4个标志盘编号为1、2、3、4，摆放成"Y"形，1号、2号标志盘之间的距离为5米，3号、4号标志盘分别在右、左45度，距2号标志盘3米的位置。练习者在1号标志盘位置以直立姿势准备。

2.冲刺至2号标志盘时，教练发出方向指令。

3.练习者迅速接受指令并变向，向对应方向的标志盘冲刺。

提示
全速冲刺并集中注意力，以迅速对做出反应。

进阶练习
教练可以假动作发出指令，以增加练习者的反应难度。（见图11-10）

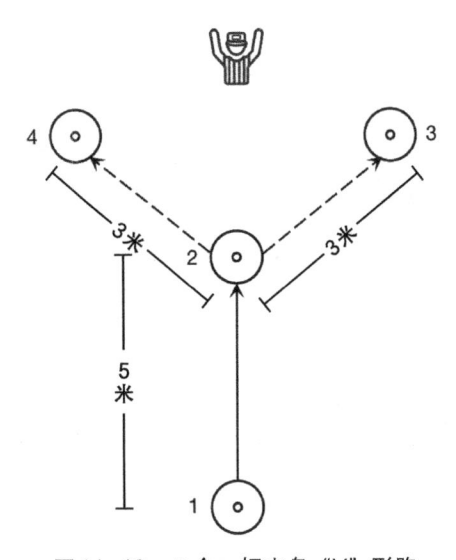

图11-10 口令·标志盘"Y"形跑

十一、快速摆动练习

训练目的

该训练旨在提高练习者的肢体反应速度,特别是上肢对视觉刺激的反应速度。

训练方法

1.搭档手持泡沫轴与练习者面对面准备。

2.搭档向前进行矢状面攻击。练习者迅速移动到泡沫轴的一侧,以躲避攻击。

提示

练习者应时刻保持注意力集中,以迅速躲避攻击,避免泡沫轴接触身体。(见图11-11)

图 11-11 快速摆动练习

十二、格挡练习

训练目的

该训练旨在提高练习者的肢体反应速度,特别是上肢对视觉刺激的反应速度。

训练方法

1.搭档手持泡沫轴与练习者面对面准备。

2.搭档向前进行矢状面攻击。练习者迅速抬起手臂进行格挡,将泡沫轴移开。

提示

练习者应时刻保持注意力集中,以迅速格挡攻击,避免泡沫轴接触身体其他部位。(见图11-12)

图11-12 格挡练习

十三、躲避练习

训练目的

该训练旨在提高练习者的肢体反应速度,特别是上肢对视觉刺激的反应速度。

训练方法

1.搭档手持泡沫轴与练习者面对面准备。

2.搭档进行横向或大弧度攻击。练习者迅速移动、躲避,并在泡沫轴下方绕过。

提示

练习者应时刻保持注意力集中,以迅速躲避攻击,避免泡沫轴接触身

体。(见图11-13)

图 11-13　躲避练习

十四、敏捷圈·脚步定向移动

训练目的

该训练旨在提高练习者的反应速度和第一步移动反应。

训练方法

1.用任意数量的敏捷圈划出训练范围，练习者在中间的敏捷圈内准备。

2.教练发出口令或视觉指令（方向或颜色）。

3.练习者迅速冲刺至相应的敏捷圈内。

提示

1.时刻保持注意力集中，以迅速做出反应。

2.可增加口令或视觉指令的类型，结合多种移动方式或步法进行此训练。(见图11-14)

图 11-14　敏捷圈·脚步定向移动

十五、敏捷圈·熊爬定向移动

训练目的
该训练旨在提高练习者的反应速度，以及上、下肢协调能力。

训练方法
1. 用任意数量的敏捷圈划出训练范围，练习者在中间的敏捷圈内准备。
2. 教练发出口令或视觉指令（方向或颜色）。
3. 练习者以熊爬的方式迅速到达相应的敏捷圈内。

提示
1. 时刻保持注意力集中，以迅速做出反应。
2. 可增加口令或视觉指令的类型，结合多种移动方式或步法进行此训练。（见图11-15）

图 11-15　敏捷圈·熊爬定向移动

十六、实心球·俯撑接球

训练目的

该训练旨在发展练习者的动作灵敏性和本体感觉能力。

训练方法

1.练习者将实心球抛向空中。

2.立即俯撑于地面，随后站起接球。

提示

爆发式用力完成姿势转换，在球反弹两次时将它接住。

进阶练习

1.可将球抛起，完成任意动作后接球。

2.可使用六角球进行此训练，以增加反弹变化。（见图11-16）

图11-16 实心球·俯撑接球

第十二章

小轮车项目的灵敏移动练习方法

第一节 小轮车运动的项目特征

小轮车（简称BMX）是一项极限运动，因轮胎较粗，赛道也与越野摩托车十分相似而得名。小轮车起源于20世纪60年代的加利福尼亚，并于2008年首次被纳入奥运会，主要的比赛类型包括竞速式和自由式。竞速小轮车是以速度作为唯一衡量标准的比赛，不包括花式表演的成分；而自由式小轮车为半管道式小轮车，即在半管道场地里进行花式跳跃的比赛，其最大的特点就是腾空、旋转、跳跃、平衡，考验车手的综合能力。在"U"形场地内，车手不时飞起、下落、旋转、跳跃，借助惯性做出各种翻转动作，给人以惊险、刺激之感。

一、场地要求

小轮车项目中，赛道和场地也是特别重要的因素。每个类别都有不同的规则和特点，不同的比赛形式和场地需要选手根据具体情况做出相应的变化。小轮车运动所处的场景大多是自然地形，因此，赛道和场地特征非常丰富。小轮车运动员需要熟练掌握不同的地形特点，例如山坡、跃台、桥等，并且根据比赛形式和赛道要求选择上肢或下肢，甚至应用不同的承载体和芯板,以适应场地特征。此外,运动员还需要在赛道上自如地释放能量,准确地完成技巧动作和过障碍,在极短的时间内达到最佳效果。这也对运动员的体能素质有特殊的要求,运动员需要有针对性地进行专项体能训练,以应对不同类型的场地。

二、能量代谢系统

研究表明,高水平的小轮车比赛表现出较高的无氧代谢需求。有学者对西班牙小轮车国家队的12名运动员进行了1RM深蹲、温盖特测试、5×6s重复冲刺测试及力速曲线测试,并将之与模拟小轮车的专项测试进行了相关性分析。结果表明,专项场地表现与1RM深蹲、重复冲刺测试的峰值输出功率、温盖特测试中的峰值功率、温盖特实验中的乳酸产量存在显著相关性。另一项关于小轮车优秀运动员最大摄氧量和乳酸阈的测试研究表明,峰值摄氧量可以解释54%的该项目比赛表现变化,并指出有氧供能系统和无氧供能系统都是小轮车项目的重要决定因素,其比例约为1∶1。教练在为小轮车运动员设计体能训练计划时,应将其供能系统特征纳入考虑范围。

三、灵敏素质需求

在小轮车运动中,运动员需要具备出色的灵敏素质,迅速响应并完成各种技巧性动作;同时还需要在对速度和节奏的掌控下短时间灵活完成转向、加速、刹车等。运动员需要在短时间内完成快速的加速和停止动作。这需要他们具备迅速的反应能力和身体爆发力,能够在赛道和场地随时迅速做出应对;还需要他们经常进行复杂的反向行驶、逆向制动等。比赛中,运动员需要不断完成各类技巧性动作,如跳跃、攀爬、转向、平衡等。这需要他们具备较高水平的身体控制和调节能力,能够准确地把握转向和平衡的度,同时能够在空中完成多样化的高难度技巧性动作。运动员需要不断进行专业训练，提高自己的身体素质和技术能力，有效地锻炼反应速度和身体调节能力，在比赛中最大限度地发挥自己的潜力和水平。同时，教练也需要根据运动员的特点和需求，结合科学的训练方法和技术手段，为运动员提供全方位且有针对性的灵敏素质培训，帮助运动员实现更高水平的发展和成长。

第二节 小轮车运动的动作特征

小轮车运动以高难度的动作和较强的技巧性吸引了诸多爱好者。其中，跳跃、旋转、翻转等动作更是极具观赏性和刺激性。这些专项动作对运动员的身体素质和技术水平都有非常高的要求，需要运动员具备扎实的基础体能素质和自行车专项体能素质。

一、飞跃

小轮车运动中的飞跃指的是运动员在高速经过上坡后人车一体进行空中旋转、翻跟头等，展示出惊人的身手和高超的技巧。飞跃技巧的要旨在于掌握好速度、力量、平衡和均衡感，飞跃技巧的要素主要包括取势、起跳、空中控制、落地等几个环节。起跳的时机至关重要，且需要运动员有强劲的起跳力和伸展力。在空中时，运动员需要通过双手和双脚的协同运动控制自身平衡，完成转向和翻转动作；同时还要在适当的时间点完成着地和准确定位，确保整个飞跃过程稳妥、无误。在起跳时，运动员需要充分发挥腿部的力量和弹性，准确把握起跳点和角度。在空中时，则需要运动员具备出色的身体协调性、控制力和平衡感，以便在空中顺利完成翻转、旋转等技术动作。落地时，运动员需要把握好瞬间着地点，准确着地并移动，同时还要控制身体的惯性和平衡，避免摔倒和受伤。

飞跃对小轮车而言是基础而重要的技术性动作。高质量的飞跃是完成复杂的旋转和翻转的先决条件，需要运动员具备扎实的技术基础和出色的身体素质，不断进行专业训练和实战练习，以便在比赛中取得更好的成绩。为此，教练需要针对每个运动员的个体特征进行因人而异的技术训练和体能训练，并针对比赛场地中不同的上、下坡设计好相应的动作，为他们在比赛中取得好成绩提供有力保障。

二、旋转和翻转

旋转和翻转是小轮车运动中在飞跃基础之上难度更大的进阶动作。旋转和翻转极具观赏性，需要运动员具备扎实的基本功和高超的技巧。

旋转主要包括360度旋转、720度旋转、1080度旋转等。完成旋转动作需要运动员具备充足的力量，并达到惊人的速度，且充分把握好起跳和落地的时机。起跳要有力量，上坡或跳台都可用以获得更大的起跳能量。在上升到空中时，抬起双膝，同时身体转向，带动小轮车沿该方向旋转。在做360度和720度旋转时，将车体转向，通过转动鞍座和脚不断提高旋转速度，同时需保持车身与身体一体，把握好将车身旋转到初始方向的时机，控制好落地角度，完成高质量的落地。

小轮车的翻转技巧主要包括前翻、后翻、侧翻等，不仅需要运动员具备较好的速度和爆发力素质，同时还需要他们有较高的平衡性和灵敏素质。在起跳时，需要充分发挥下肢力量，挟带小轮车向后或后上方倾斜，形成矢状轴上转动的动力，接着通过控制手臂和腿的动作带动小轮车在空中完成翻转动作。落地时，要掌握好身体重心和车轮着地的时机，避免人车分离，摔倒并受伤。

第三节　小轮车灵敏移动练习动作及进阶

一、高跳跨步跑

训练目的

该训练旨在增强练习者的髋部和腿部力量，髋、膝、踝在蹬伸过程中的爆发力；提高其以上部位的舒展度。

训练方法

1.练习者以两点式准备。

2.一条腿向前迈出，用力以脚蹬地跳起，随即另一条腿大腿抬至水平高度；双臂用力前、后摆动。

3.连续跳跃20米，每一次蹬地起跳都尽可能达到最大高度。（见图12-1）

图 12-1　高跳跨步跑

二、登山+冲刺

训练目的

该训练旨在发展练习者的变换动作和启动加速能力。

训练方法

1. 练习者以俯撑姿势准备，双臂伸直，身体呈一条直线。
2. 保持躯干稳定，将右膝抬向胸部。
3. 停顿片刻，返回至起始姿势；换左腿重复上述动作。
4. 连续重复上述步骤3次后，不停顿，冲刺5—10米。

提示

1. 俯身时应保持身体的稳定性，收紧核心。
2. 在尽可能短的时间内完成起身冲刺。（见图12-2）

图12-2 登山+冲刺

三、绳梯·蛇形跳

训练目的

该训练旨在发展练习者的髋关节灵活性、协调性和身体控制能力。

训练方法

1. 练习者以直立姿势，双脚分别位于绳梯的左侧带两侧准备。
2. 跳起并转身90度，双脚快速落在第一梯线两侧。
3. 以同样的方式快速跳起，双脚落至第一方格右侧带两侧。
4. 以此方式继续行进，直至完成绳梯。

提示

1. 整个训练过程中，每次跳跃时都应灵活旋转臀部，双脚应同时落地。
2. 可以左侧开始或以右侧开始，并重复此训练。（见图12-3）

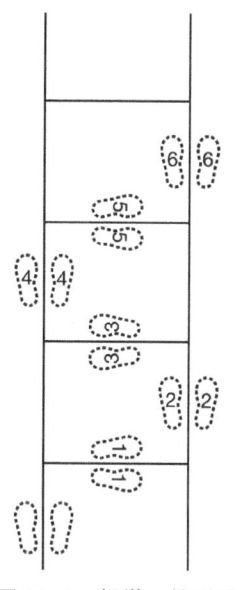

图12-3　绳梯·蛇形跳

四、绳梯·滑雪跳跃+抛接球

训练目的

该训练旨在改善练习者的反应速度、场地空间感觉、肢体对视觉或听觉刺激的反应、动作灵敏性和整体运动能力。

训练方法

1. 练习者双脚分别位于绳梯的左侧带两侧准备。
2. 双脚向右斜前方跳跃至第一方格右侧带两侧。
3. 左、右交替依次斜向跳跃，完成绳梯的每一个方格。
4. 跳跃过程中，教练在绳梯外抛球，练习者接球并抛回给教练。
5. 重复抛接，直至完成绳梯。

提示

1. 在跳跃过程中强调短触地时长。
2. 训练过程中尽量目视前方，并确保准确完成抛接。

进阶练习

可以向后跳跃的方式进行此训练。（见图12-4）

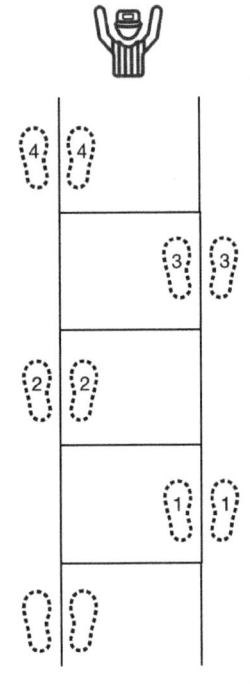

图12-4 绳梯·滑雪跳跃+抛接球

五、标志盘·箭头练习

训练目的

该训练旨在发展练习者在小范围内斜向变向的能力。

训练方法

1.将3个标志盘编号为1、2、3，摆放成边长为1米的三角形，中间为1号，左上角为2号，右上角为3号。

2.练习者在1号标志盘位置准备。

3.小碎步后退完成1—2—1—3路线，重复至既定次数。

提示

加快步伐，及时调整身体重心，变向时保持流畅。

进阶练习

可以不同的步法或结合专项技能进行此训练。（见图12-5）

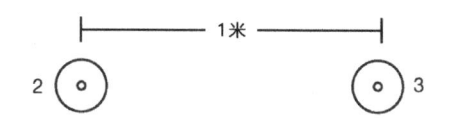

图12-5 标志盘·箭头练习

六、栏架·正方形双脚跳

训练目的

该训练旨在发展练习者的不同方向连续跳跃和本体感受能力，以在运动中精准判断运动位置。

训练方法

1.将4个栏架摆放成正方形。

2.练习者面向一个栏架,双脚开立,与肩同宽,双臂在身体两侧,屈髋、屈膝准备。

3.双脚跳起,跃过面前的栏架,落在正方形中间。

4.再次跳起,转身90度,跃过下一个栏架。

5.重复上述步骤,直至完成此训练。

提示

1.可以顺时针或逆时针跳跃进行此训练。

2.起跳时双脚用力蹬地,双臂配合下肢向上摆动,在转身的同时转髋。(见图12-6)

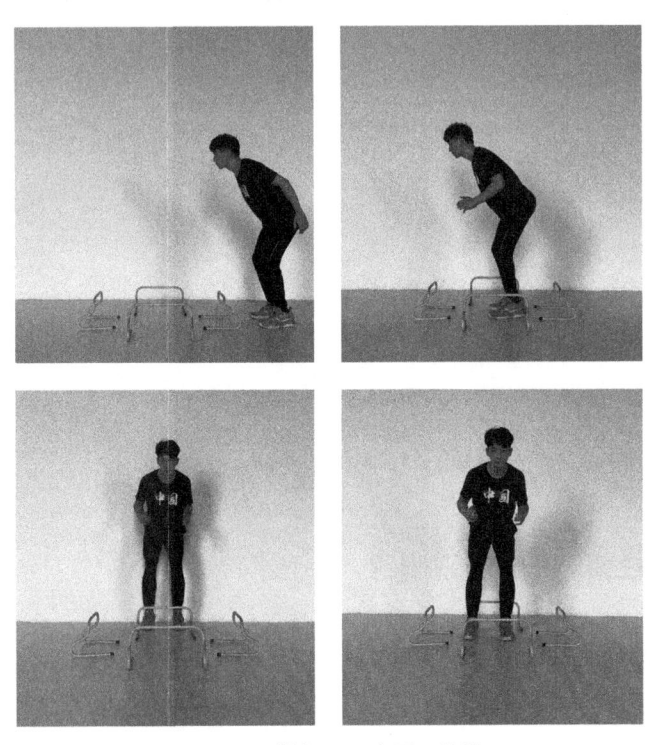

图12-6 栏架·正方形双脚跳

七、栏架·不规则双脚跳

训练目的

该训练旨在发展练习者的不同方向连续跳跃和本体感受能力。

训练方法

1.将栏架以任意路线摆放。

2.练习者双脚开立，与肩同宽，双臂在身体两侧，屈髋、屈膝在第一个栏架后准备。

3.双脚跳起，依次跃过所有栏架，完成此训练。

提示

起跳时双脚用力蹬地，同时双臂配合下肢向上摆动。

进阶练习

可以后退的方式进行此训练。（见图12-7）

图12-7 栏架·不规则双脚跳

八、瑞士球·冲击俯卧撑

训练目的

该训练旨在增强练习者的核心力量和身体稳定性。

训练方法

1. 练习者双手俯撑于瑞士球上。
2. 爆发式推离，随后双肘撑于瑞士球上。

提示

1. 训练过程中始终保持核心收紧，身体呈一条直线。
2. 以最大爆发力完成推离，注意控制落点。（见图12-8）

图12-8 瑞士球·冲击俯卧撑

九、实心球·爆发式俯卧撑+横向移动

训练目的

该训练旨在增强练习者上肢肌肉群的爆发力，提高其反应速度。

训练方法

1. 练习者双手略宽于肩，以四点式撑于地面（一只手撑在实心球上）准备。
2. 完成一次标准俯卧撑；爆发式推起，使身体离开地面，并向一侧转动。

3.落地呈俯卧撑下落位。

4.再次将身体推离地面并反向转动,落地并返回至单手支撑实心球姿势。

提示

1.训练过程中始终保持核心收紧,身体呈一条直线。

2.两侧交替进行此训练。(见图12-9)

图12-9 实心球·爆发式俯卧撑+横向移动

十、爆发式斜上拉

训练目的

该训练旨在增强练习者上肢肌肉群的爆发力,提高其反应速度。

训练方法

1. 练习者坐于地面，身体后倾45度；双臂伸直，握住绳子准备。
2. 以爆发力将身体拉起。
3. 缓慢返回至起始姿势。

提示

训练过程中始终保持核心收紧，双手紧握绳子。

进阶练习

可将身体拉起，呈一条直线。（见图12-10）

图12-10 爆发式斜上拉

十一、口令·转向团身跳

训练目的

该训练旨在增强练习者的下肢爆发力，提高他们在空中调整身体姿势的能力。

训练方法

1. 练习者以直立姿势，双臂上举准备。
2. 屈髋、屈膝，双臂向后抬起预摆。

3.教练发出方向指令（口令或视觉指令）。

4.练习者伸髋、伸膝，快速爆发式跳起，双膝上抬至胸部，同时向指令方向转身90度。

5.落地缓冲，返回至起始姿势，并重复此训练。

提示

迅速对指令做出反应，并以最大高度、爆发力完成每一次训练。（见图12-11）

图12-11　口令·转向团身跳

十二、口令·标志桶多方向跳跃

训练目的

该训练旨在发展练习者的反应灵敏性和身体协调性。

训练方法

1.将标志桶任意摆放，练习者在区域内以直立姿势准备。

2.练习者保持同一面向，向不同的标志桶跳跃。

3.在跳跃过程中，教练发出口令或视觉指令（改变跳跃方向或加入冲刺、蹲跳等组合练习）。

提示

1. 可根据训练需求设置标志桶数量和区域面积。
2. 在跳跃过程中强调短触地时长。
3. 时刻保持注意力集中，以迅速做出反应。（见图12-12）

图12-12　口令·标志桶多方向跳跃

十三、姿势转换·跪手撑转运动姿

训练目的

该训练旨在发展练习者的动作灵敏性和本体感觉能力。

训练方法

1. 练习者以跪姿，双手撑于地面准备，等待指令。
2. 教练发出口令或视觉指令，练习者以最快速度站起并转换为运动姿势。

提示

爆发式用力完成姿势转换。

进阶练习

在完成换转后增加指令，衔接一次快速伸缩复合练习（如团身跳、弓

步跳、爆发式俯卧撑等）。（见图12-13）

图12-13　姿势转换·跪手撑转运动姿

十四、姿势转换·坐姿转运动姿

训练目的

该训练旨在发展练习者的动作灵敏性和本体感觉能力。

训练方法

1.练习者以坐姿在地面准备。

2.教练发出口令或视觉指令，练习者以最快速度站起并转换为运动姿势。

提示

爆发式用力完成姿势转换。

进阶练习

在完成换转后增加指令，衔接一次快速伸缩复合练习（如团身跳、弓步跳、爆发式俯卧撑等）。（见图12-14）

图 12-14 姿势转换·坐姿转运动姿

十五、姿势转换·仰卧转运动姿

训练目的

该训练旨在发展练习者的动作灵敏性和本体感觉能力。

训练方法

1.练习者以仰卧姿势在地面准备。

2.教练发出口令或视觉指令。练习者转身，以最快速度站起并转换为运动姿势。

提示

爆发式用力完成姿势转换。

进阶练习

在完成换转后增加指令，衔接一次快速伸缩复合练习（如团身跳、弓步跳、爆发式俯卧撑等）。（见图12-15）

图 12-15 姿势转换·仰卧转运动姿

十六、姿势转换·运动姿转俯卧转运动姿

训练目的

该训练旨在发展练习者的动作灵敏性和本体感觉能力。

训练方法

1.练习者屈髋、屈膝,以运动姿势准备。

2.教练发出口令或视觉指令。练习者以最快速度俯卧于地面,随后起身返回至起始姿势。

提示

爆发式用力完成姿势转换。

进阶练习

在完成换转后增加指令,衔接一次快速伸缩复合练习(如团身跳、弓

步跳、爆发式俯卧撑等）。（见图12-16）

图12-16 姿势转换·运动姿转俯卧转运动姿

第十三章

跑酷项目的灵敏移动练习方法

第一节 跑酷运动的项目特征

跑酷运动是近年来在世界范围内迅速兴起的一项刺激性极强的极限运动项目，表现为以日常生活的环境（多为城市）为运动场所，依靠自身的体能快速、有效地驾驭任何已知和未知的环境。跑酷运动员擅长穿越错综复杂的城市环境，这些环境基于三维空间；同时，应尽可能避免接触地面。跑酷运动主要分为两种形式：一种是自发组织的训练、表演、比赛等，其发展具有多样性和持续性。在城市中，许多建筑物，如中心广场、街道、公园、扶梯、废弃的工厂等都可以成为跑酷运动的场地；在农村，一些房屋、田间沟壑、树木等也可以作为跑酷运动的场所。参与者可以在这些场所进行攀爬、跳跃、滑下等，以挑战极限。另一种则是由国家、商业部门等组织的竞技跑酷比赛，增大了跑酷运动的影响力，为其发展起到了宣传作用。竞技跑酷运动的基本动作、练习方法、动作规格、评分等与体操很相似，它已成为国际体操联合会的正式比赛项目，且有望在2028年洛杉矶奥运会"入奥"。

跑酷运动的动作模式非常丰富，包括跑、爬、跳、双脚或单脚着陆、悬挂、跳马、平衡、踏步、跨栏、四肢运动、翻滚等。跑酷运动员可以充满创意的方式，因地制宜地在特定环境中奔跑、跃起、攀爬、甩动、落地，不断地通过各种极具技巧性和危险性的动作完成观赏性极强的"花式动作"，充分展现其速度、力量、灵敏能力等。运动员在训练中也应着重加强感知和控制能力（协调性、时机性、平衡性、敏捷性、空间意识和肌肉力量），以便够有效地应对环境特征，如间隙、障碍、表面和斜坡。

一、离心力量需求

跑酷运动中包含大量的起跳、落地缓冲等动作，有时运动员需要从数米高的高台跳下，既需要以出色的缓冲技术对落地时产生的巨大冲击力进行卸力，也对他们的下肢离心力量带来了非常大的挑战。跑酷的核心特性之一便是落地时的精准控制，无论是立定跳远还是空翻，落地的落点选择、空间位置的感觉都极为重要。有学者指出跑酷运动员与体操运动员落地缓冲方式的差异，后者更多以脚后跟先着地的方式着陆，而前者往往通过前脚掌瞄准落地区来分解冲量，或是通过衔接滚翻帮助缓冲。运动员应当加强"软着陆"技术的应用，并有针对性地加强下肢离心力量，避免髋、膝、踝在缓冲阶段的冲量代偿。

二、灵敏素质需求

在跑酷运动中，运动员需要具备出色的动作灵敏能力，包括快速加速和冲刺，以及快速变向能力。例如，运动员在起跳飞越障碍物时需要快速冲刺，以增强跳马或猩猩跳的水平冲量和势能，增加飞越的水平距离。事实上，重复冲刺能力更强的跑酷运动员能够更快地完成高质量的飞越和翻滚。另外，运动员在一些特殊场地中需要快速转换方向，以完成相应的任务，例如在狭窄的场地内需要快速转弯，以避开障碍，在攀爬过程中需要快速转向，以改变攀爬路径，在空中滑翔或翻转时需要精准调整落点。有研究表明，"T"形跑、反向运动跳（双腿）、反向运动跳（单腿）所需的能力与跑酷速度跑成绩存在显著相关关系。

运动员在高速移动、攀爬、滑动等行进方式中需要迅速、准确地做出反应。在攀爬、跳跃时需要迅速判断距离和角度，及时调整动作；在空中滑翔时需要迅速判断距离和落点，及时调整姿态和落地方式；在转弯和避障时需要迅速判断转弯角度和速度，及时调整身体重心和方向；在接近障碍物时需要迅速判断距离和难度，及时调整身体动作和速度。这需要运动员不断接受训练，提高视觉反应速度和身体协调能力，通过实战模拟不同场景下的突发情况，练习快速思考并做出反应。

第二节　跑酷运动的动作特征

跑酷运动具有非常独特的项目特征和动作模式特征。动作模式特征包括攀爬、跳跃、翻滚、落地缓冲等。不同类型的动作有着各自不同的技巧，熟练掌握这些技巧对于高质量的动作完成意义非凡。

一、攀爬

攀爬是跑酷运动中常见的一种技巧，路面上不同的建筑物、墙面和障碍物都可以用来完成攀爬动作。参与者可以学习并掌握不同的攀爬技巧，如爬高、跃过、攀缘等，以便在跑酷中更好地减少冲击力，提升技巧和运动水平。

爬高需利用双手和双脚来攀爬高墙或者其他障碍物。参与者在运用这种技巧时，可以利用墙面上的凸起处作为脚步支撑点，通过向上踩踏和发力的方式来完成爬高动作。爬高还需要参与者具有足够的爆发力和协调性，以便在爬较高的墙的时候稳定身体。跃过是跑酷中常用的一种攀爬技巧，它可以帮助跑者跃过墙面、栏杆或者其他较难攀爬的障碍物。参与者需要在跳跃时做到身体紧贴着障碍物，利用双手和脚支撑身体，调整方向并跃过障碍物。跃过需要参与者具备较强的下肢爆发力和协调性，身体平衡感也尤为关键。攀缘是跑酷运动中一种常见的攀爬技巧，适用于在栏杆或者墙面上悬挂而过。参与者需要以墙面凸起点或者栏杆抓点作为支撑点，以手臂支撑身体，从而实现身体沿着墙面或栏杆向上攀升。攀缘需要参与者有较强的手臂力量和较好的柔韧性，同时也需要参与者具备出色的身体控制和平衡能力。

攀爬动作在跑酷运动中扮演着非常重要的角色，高水平的攀爬可以使参与者完成一些难以完成的动作，并在一定程度上降低其受伤风险。参与者需要经过反复的训练，不断提升自己的技巧水平，才能更好地掌握这些攀爬技巧，并将之运用到跑酷运动中。

二、跳跃

跑酷中的跳跃动作大致可以分为两种：直线跳和障碍跳。直线跳是在水平面上利用双腿的力量迅速跳起来，是跑酷运动中最基础、最简单的跳跃动作，可以作为参与者练习其他比较复杂的跳跃动作的基础。在做直线跳的时候，参与者需要准确地预判跳跃的距离，并且合理地调整跳跃的力度和高度，同时充分利用双腿和臂部的力量完成跳跃。障碍跳则是跑酷中最常见的、最具有挑战性的跳跃动作。障碍跳的障碍物可以是各种不同的物体，比如高墙、桌子、汽车等。在做障碍跳的时候，参与者需要充分观察、分析障碍物的高度、位置和固定方式，并且准确地预估自己的跳跃能力，然后灵活地选择跳跃方式，跃过障碍物。障碍跳需要参与者很好地掌握运动技巧，同时也需要他们拥有一定的勇气和自信心。除了直线跳和障碍跳，跑酷中还包括很多其他的跳跃动作，比如长跳、翻跳、侧跳等。不同的跳跃动作需要不同的技巧和细节操作，跑酷运动员需要经常练习、总结跳跃技巧，不断提高自己的跳跃能力和水平，才能在跑酷运动中游刃有余，毫不费力地完成各种难度较高的跳跃动作。

有研究对比了跑酷运动员与体操运动员、举重运动员的跳跃动作模式，结果表明，跑酷运动员和体操运动员的深蹲跳、反向运动跳能力显著优于举重运动员，而在跳深能力上，跑酷运动员和举重运动员显著优于体操运动员，在立定跳远距离上，跑酷运动员显著优于体操运动员和举重运动员。显然，相较于举重运动员，跑酷运动员更擅长以手臂带动身体跳跃，手臂的科学发力对跳跃高度有着重要的贡献。因此，运动员在练习跳跃技术时应注意充分借助手臂完成动作，应在体能训练中加入上、下肢协调性训练。

三、落地缓冲

落地缓冲指运动员通过一定的技巧和方法化解自身从高处落下的巨大冲量，采用科学的着地姿势，避免对身体产生过大的冲击力。常见的落地缓冲表现为通过增加下蹲幅度来减小冲击力，其中的重点在于在落地时将身体的重心迅速转移到下半身，屈髋、屈膝来保持身体平衡，减少冲量，使身体尽可能平稳地落地。跑酷中更为有效的落地缓冲技巧是以滚动的方式来缓冲着地的冲击。进行跳跃后，运动员在接触地面前的瞬间，身体转向一侧，一只肩膀与对侧的腿一起向前伸展，同时，另一只手臂平伸着触碰地面。这时候，运动员的身体就像一个圆球一样滚动着着地，转变为爬行姿势，以较大的身体面积接触地面来缓冲着地时的冲击力。研究表明，采用没有缓冲的僵硬落地姿势会增大受伤风险，使用翻滚动作着地则能够延长垂直速度降为零的过程，有效减少下肢承受的峰值负荷。

在跑酷运动中，由于环境特殊，同时存在太多的未确定的因素，如路面的变化，需要运动员保持冷静，并且具有抉择能力，能够根据实际情况及时调整速度和动作，进而将冲击力最小化，保护自己的身体，确保自己稳妥、安全地完成这项极限运动。研究表明，对于同样的下落高度，跑酷运动员着地的缓冲时长是未经训练的参与者的两倍，且缓冲运动范围更大，能够产生更多的机械能来消除冲击。熟练掌握科学的落地缓冲姿势对于跑酷的表现及损伤预防至关重要。

第三节　跑酷项目灵敏移动练习动作及进阶

一、远跳跨步跑

训练目的

该训练旨在增强练习者的髋部和腿部力量，髋、膝、踝在蹬伸过程中的爆发力，提高其以上部位的舒展度。

训练方法

1. 练习者以两点式准备。

2. 一条腿向前迈出，用力以脚蹬地跳起，随即另一条腿大腿抬至水平高度；双臂用力前、后摆动。

3. 连续跳跃30米。

提示

1. 身体保持直立，不要向后倾。

2. 每一步蹬地起跳都尽可能跳得更远。（见图13-1）

图 13-1　远跳跨步跑

二、立定跳远 + 冲刺

训练目的

该训练旨在发展练习者线性爆发式跳跃与短程加速跑结合的动作灵敏性。

训练方法

1. 练习者双脚与肩同宽，以直立姿势准备。
2. 半蹲，双臂用力向后摆动。
3. 向前摆动双臂，伸展膝关节和髋关节，全力向前方跳跃。
4. 任意一条腿（非双腿）以收紧的姿势落地后立即冲刺5—10米。

提示

注意立定跳远后落地衔接冲刺的技术。（见图13-2）

图13-2 立定跳远 + 冲刺

三、下坡冲刺

训练目的

该训练旨在提高练习者的最快速度和步频。

训练方法

1. 练习者在比坡底高10—20米的位置准备。
2. 逐渐加速向下冲刺。

提示

1. 强调下坡过程中的冲刺技术。
2. 步幅不宜过大。
3. 尽可能选择草地进行此训练,防止跌倒受伤。(见图13-3)

图13-3 下坡冲刺

四、下坡冲刺+平路冲刺

训练目的

该训练旨在提高练习者的最快速度和步频。

训练方法

1. 练习者在比坡底高10—20米的位置准备。
2. 在到达比坡底高大约5米的位置之前,迅速加速至接近最大速度。
3. 在过渡到平地的过程中继续加速至最大速度,冲刺10—15米。

提示

在下坡冲刺的过程中注意控制重心,避免跌倒。(见图13-4)

图 13-4　下坡冲刺+平路冲刺

五、前滚翻

训练目的
该训练旨在发展练习者的全身灵敏性和动作知觉意识。

训练方法
1. 练习者以两点式准备，左脚在前。
2. 俯身倒下。
3. 在身体即将与地面接触时，以左肩为轴向前翻滚至双脚触地，随后站起。

提示
可分别以双侧肩膀为轴，任意一只脚在前，完成前滚翻。

进阶练习
1. 在翻滚之前或之后向任意方向冲刺。
2. 在翻滚之后对任意刺激（如视觉提示要跑至一个标志桶）做出反应。
3. 在翻滚之后衔接一次专项运动。（见图 13-5）

图 13-5 前滚翻

六、后滚翻

训练目的

该训练旨在发展练习者的全身灵敏性和动作知觉意识。

训练方法

1.练习者以直立姿势准备。

2.下蹲,臀部向后坐。

3.在身体即将与地面接触时,以左肩为轴向后翻滚至双脚触地,随后站起。

提示

可分别以双侧肩膀为轴,完成后滚翻。

进阶练习

1.在翻滚之前或之后向任意方向冲刺。

2.在翻滚之后对任意刺激(如视觉提示要跑至一个标志桶)做出反应。

3.在翻滚之后衔接一次专项运动。(见图13-6)

图13-6 后滚翻

七、40米折返冲刺

训练目的

该训练旨在通过在短距离内进行高强度的冲刺训练，快速激活练习者的肌肉，发展其加速和短距离爆发能力。

训练方法

1.练习者以两点式在起点线处准备。

2.冲刺5米，到达第一条线，并用右手触线；立即返回至起点线，并用左手触线。

3.冲刺10米，到达第二条线，并用右手触线；返回至起点线，并用左手触线。

4.最后冲刺5米，到达第一条线，并用右手触线；返回至起点线。

提示

1.冲刺时强调爆发力和速度，以及正确的姿势和技术。

2.保持每次折返流畅、连贯。

3.在训练过程中注意控制呼吸和节奏，强调高抬膝盖和迅速蹬地。

进阶练习

可在每一程的训练中结合不同的运动技能。（见图13-7）

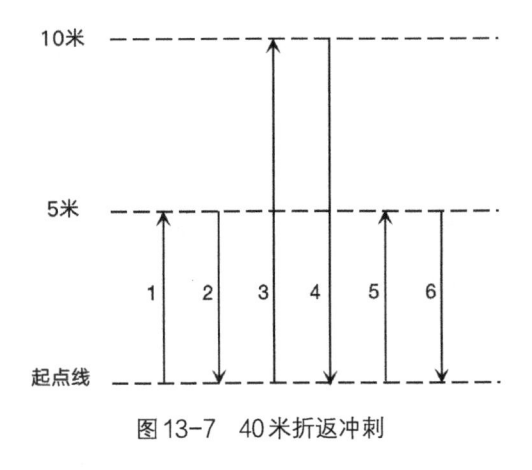

图13-7　40米折返冲刺

八、标志桶·漂移冲刺

训练目的

该训练旨在提高练习者的脚步速度、髋关节灵活性和移动中的重心控制能力。

训练方法

1.将4个标志桶编号为1、2、3、4,摆放成边长为10米的正方形。

2.练习者以两点式在4号标志桶位置准备;冲刺10米至1号标志桶,右手触地并向右侧旋转360度。

3.全速冲刺至2号标志桶,左手触地,向左侧旋转360度。

4.重复上述步骤依次完成3号、4号标志桶的冲刺和触地绕过。

5.在绕过4号标志桶后全速冲刺至终点。

提示

保持整个训练过程流畅、连贯,以最短时间完成。(见图13-8)

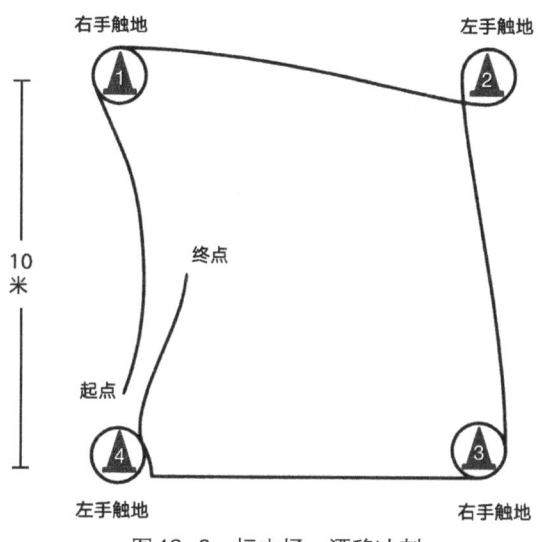

图13-8 标志桶·漂移冲刺

九、标志盘·斜向对角跳

训练目的

该训练旨在提高练习者在跳跃时的斜向位移能力。

训练方法

1.将5个标志盘编号为1—5，摆放成"X"形，中间为1号，左上角为2号，右上角为3号，左下角为4号，右下角为5号；2号、3号、4号、5号标志盘之间的距离为1米。

2.练习者在1号标志盘位置准备。

3.以双脚或单脚跳完成"1—2—1—5—1—2"或"1—3—1—4—1—3"路线，重复至既定次数。

提示

变向时及时调整身体重心，强调短触地时长，保持流畅。（见图13-9）

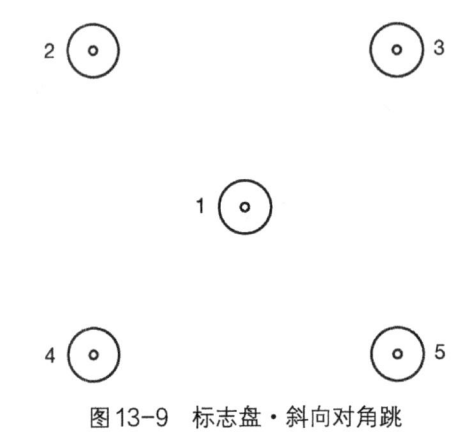

图13-9　标志盘·斜向对角跳

十、障碍物·轮转练习

训练目的

该训练旨在发展练习者的平衡能力和快速脚步动作。

训练方法

1.将4个障碍物摆放成"十"字形，如图13-10所示。练习者站在其中两个障碍物之间，双手放在中间区域的地上。

2.以侧跨步跨过每个障碍物，绕所有障碍物旋转，同时保持双手与地面接触，直至返回至起点。

3.迅速变换方向，并向反方向旋转，以侧跨步快速跨过所有障碍物。

4.在返回至初始障碍物后，起身快速向障碍物正前方冲刺5米，完成此训练。

提示

尽可能保持身体重心稳定，不能有过大的起伏；保持动作的流畅性。

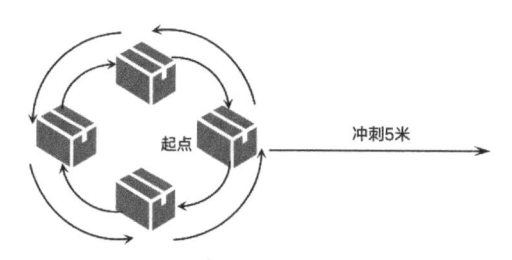

图 13-10　障碍物·轮转练习

十一、栏架·双脚侧向连续跳

训练目的

该训练旨在发展练习者侧向跳跃和在空中调整身体姿势的能力。

训练方法

1.将栏架竖向摆放成一排。

2.练习者双脚开立，与肩同宽，双臂在身体两侧，屈髋、屈膝在第一个栏架侧面准备。

3.双脚跳起，横向依次通过所有栏架，完成此训练。

提示

1.可左侧行进或右侧行进进行此训练。

2.起跳时双脚用力蹬地，同时双臂配合下肢向上摆动。（见图13-11）

图13-11　栏架·双脚侧向连续跳

十二、自重跳箱组合·跳深+跳箱提膝

训练目的

该训练旨在发展练习者下肢关节的刚性和起跳后在空中调整身体姿势的能力。

训练方法

1. 将一高、一矮两个跳箱平行摆放。

2. 练习者站在矮跳箱边缘，双臂向上伸直准备。

3. 缓慢向前走一步，自然下落；随后迅速摆臂带动身体跳上高跳箱，并以一条腿落箱，另一条腿提膝，踝关节保持背屈状态，手臂保持冲刺姿势。

提示

1. 跳深时注意屈膝缓冲。

2. 以最大爆发力跳箱提膝，并调保持身体平衡。（见图13-12）

图 13-12 自重跳箱组合·跳深+跳箱提膝

十三、俯卧撑击掌

训练目的

该训练旨在增强练习者的上肢推爆发力，提高其反应速度。

训练方法

1. 练习者双手略宽于肩，以四点式撑于地面准备。

2. 完成一次标准俯卧撑；爆发式推起，使身体离开地面，同时完成一次击掌。

3.落地,返回至起始姿势。

提示

1.训练过程中始终保持核心收紧,身体呈一条直线。

2.根据个人能力选择该动作的适宜强度(如采用跪姿或双脚不腾空);落地时注意缓冲,避免受伤。

进阶练习

可以背后击掌的方式进行此训练。(见图13-13)

图 13-13 俯卧撑击掌

十四、跪姿跳+立定跳远

训练目的

该训练旨在增强练习者的下肢爆发力,发展其伸髋结合水平跳跃的能力。

训练方法

1. 练习者以跪姿,身体略前倾,双手向后拉起准备。
2. 快速摆臂、伸髋,带动身体跳起;落地后迅速下蹲,屈髋、屈膝,双臂后摆。
3. 全力完成一次立定跳远。

提示

充分伸髋、摆臂,以达到最佳的运动表现。(见图13-14)

图13-14 跪姿跳+立定跳远

十五、障碍跳

训练目的

该训练旨在增强练习者的下肢爆发力,提高其反应速度。

训练方法

1. 将一个障碍物摆放在前方。练习者屈髋、屈膝,双臂向后拉起准备。

2.快速摆臂、伸髋，带动身体跳起，越过障碍物。

提示

充分伸髋、摆臂，以达到最佳的运动表现。

进阶练习

可以横向跳或单脚跳进行此训练，注意选择适宜高度的障碍物。（见图13-15）

图13-15　障碍跳

十六、口令·障碍跳+变向+冲刺

训练目的

该训练旨在增强练习者的下肢爆发力，提高其反应速度。

训练方法

1.摆放一个障碍物，并在其前方两侧45度角位置分别摆放一个标志桶。

2.练习者屈髋、屈膝，双臂向后伸展，在障碍物后准备。

3.快速摆臂、伸髋，带动身体跳起，越过障碍物。

4.练习者在空中时,教练发出口令或视觉指令,指示方向。

5.练习者落地后迅速触碰对应方向的标志桶,立即冲刺。

提示

1.跳跃时应充分伸髋、摆臂,以达到最佳的运动表现。

2.时刻保持注意力集中,迅速接收指令,完成此训练。(见图13-16)

图13-16　口令·障碍跳+变向+冲刺